- 郑州轻工业大学社会发展研究中心
- 河南省青年骨干教师项目（2019GGJS134） **联合资助**
- 国家自然科学青年基金项目（41501189）

大都市郊区国土空间整治与优化调控研究

关小克 ◎ 著

知识产权出版社
全国百佳图书出版单位
—北京—

图书在版编目（CIP）数据

大都市郊区国土空间整治与优化调控研究/关小克著.—北京：知识产权出版社，2020.1
ISBN 978-7-5130-6603-7

Ⅰ.①大⋯　Ⅱ.①关⋯　Ⅲ.①国土整治—研究—中国　Ⅳ.①F323.24

中国版本图书馆 CIP 数据核字（2019）第 255706 号

内容提要

作为"农村之首、城市之尾"的郊区，其国土空间整治有自身的特殊性，既要统筹考虑疏解与整治、疏解与提升、疏解与承接、疏解与协同的关系，还要突出把握经济发展、减量集约、创新驱动、改善民生的要求。

本书从国土空间整治的理论篇、条件篇、农用地整治篇、农村居民点整治篇四部分展开讨论，对北京市郊区的国土空间整治做了系统梳理，以期通过全域化的国土空间整治，完善乡村地域的配套设施，保障和服务首都功能的优化提升，努力补齐短板，积极推进城市修补和生态修复，提升城市品质和生态水平，进一步增强人民群众的获得感。

策划编辑：李　瑾	责任校对：谷　洋
责任编辑：韩　冰	责任印制：孙婷婷

大都市郊区国土空间整治与优化调控研究
关小克　著

出版发行：知识产权出版社有限责任公司	网　　址：http://www.ipph.cn
社　　址：北京市海淀区气象路 50 号院	邮　　编：100081
责编电话：010-82000860 转 8126	责编邮箱：hanbing@cnipr.com
发行电话：010-82000860 转 8101/8102	发行传真：010-82000893/82005070/82000270
印　　刷：北京建宏印刷有限公司	经　　销：各大网上书店、新华书店及相关专业书店
开　　本：720mm×1000mm　1/16	印　　张：13
版　　次：2020 年 1 月第 1 版	印　　次：2020 年 1 月第 1 次印刷
字　　数：190 千字	定　　价：69.00 元

ISBN 978-7-5130-6603-7

出版权专有　侵权必究
如有印装质量问题，本社负责调换。

目录

◎ 第1章　绪论 ··· 001
1.1　研究的背景与意义 / 001
1.2　研究的总体安排 / 005

国土空间整治理论篇

◎ 第2章　国土空间整治的演化进程及其研究进展 ····················· 013
2.1　土地整治的发展历史与演化过程 / 013
2.2　新时期我国土地整治研究的现状与发展趋势 / 019

◎ 第3章　国土空间整治的理论基础及其时代功能 ····················· 028
3.1　国土空间整治的理论基础 / 028
3.2　国土空间整治与城市功能更新 / 041

国土空间整治条件篇

◎ 第 4 章　北京农村发展的态势及特征 ·················· 047
　　4.1　农业产值和从业人员的变化情况／048
　　4.2　农业内部的生产结构变动特征／050
　　4.3　农民的收入变化情况分析／052
　　4.4　农业生产综合比较优势的变化／054
　　4.5　小结／057

◎ 第 5 章　北京市生态用地空间的演变与布局引导 ·········· 059
　　5.1　研究思路和研究方法／060
　　5.2　生态用地演变的定量分析／061
　　5.3　生态用地的布局引导／063
　　5.4　小结／068

◎ 第 6 章　城市功能定位、发展目标及整治战略路径 ·········· 070
　　6.1　城市空间形态的演变／070
　　6.2　城市的功能定位与发展目标／072
　　6.3　国土空间整治的路径选择／074
　　6.4　小结／075

农业用地整治篇

◎ 第 7 章　基于景观建设的农田整理分区 ·················· 079
　　7.1　北京市农田的功能／080
　　7.2　都市区农田整理的必要性／084

7.3 农田整理的景观功能分区及整理模式 / 086
7.4 小结 / 094

◎ 第8章　都市山区耕地演变的定量测度 ················· 095
8.1 区域概况与研究思路 / 097
8.2 耕地资源空间流向的定量分析 / 098
8.3 村域耕地资源分布与利用的动态特征 / 103
8.4 小结 / 106

◎ 第9章　耕地的多目标空间布局研究 ················· 108
9.1 研究的思路 / 108
9.2 耕地多目标适宜性评价 / 109
9.3 评价结果与分析 / 115
9.4 不同发展阶段的耕地适宜性 / 117
9.5 小结 / 119

农村居民点整治篇

◎ 第10章　北京市农村居民点整治的策略研究 ················· 123
10.1 农村居民点用地的功能及其演化 / 124
10.2 北京市农村居民点综合整治的必要性 / 126
10.3 小结 / 130

◎ 第11章　农村居民点整治的时空综合配置研究 ················· 132
11.1 研究思路 / 133
11.2 居民点用地的受限程度及发展张力评价 / 133
11.3 北京市农村居民点整治时序安排 / 138

11.4 北京市不同区域的居民点整治模式 / 139
11.5 北京市农村居民点整治的优化布局 / 144
11.6 小结 / 145

◎ 第12章 农村居民点用地的时空特征及分类调控 ······ 147
12.1 研究区概况与研究思路 / 148
12.2 农村居民点用地的时空特征 / 149
12.3 居民点用地的综合发展实力评价 / 152
12.4 农村居民点的调控类型 / 156
12.5 小结 / 159

◎ 第13章 生态刚性约束下山区农村居民点整治与调控 ······ 161
13.1 研究思路 / 162
13.2 国土空间生态重要性和居民点综合发展程度评价 / 162
13.3 基于景观生态学理论的农村居民点退出路径分析 / 170
13.4 小结 / 173

◎ 第14章 都市郊区国土空间整治的保障措施和政策建议 ······ 175
14.1 都市郊区国土空间整治的保障措施 / 175
14.2 都市郊区国土空间整治的政策建议 / 177

◎ 参考文献 ······ 179

第1章

绪　论

1.1　研究的背景与意义

1.1.1　研究的背景

(1) 经济发展"新常态"

近年来,随着国内外宏观经济形势发生了重大变化,支撑我国高速发展的强大外需持续疲软,我国传统人口红利的比较优势逐步减弱,资源环境限制的影响不断加大,表明我国经济正在向形态更高级、分工更复杂、结构更合理的阶段演化。我国的国内生产总值(GDP)增速告别过去30多年平均10%左右的高速增长,从2012年起开始回落,2013—2015年增速分别为7.8%、7.3%、6.9%,经济增长动力与经济下行压力并存的局面,意味着经济发展进入"新常态"。在速度上从高速转为中高速增长,在结构上不断优化促进产业升级,在动力上从要素驱动、投资驱动转向创新驱动,在管理上简政放权,进一步释放市场活力。

因此,中央提出了"供给侧结构性改革"的思路,在适度扩大总需求的同时,去产能、去库存、去杠杆、降成本、补短板,从生产领域加强优质供给，调整产业结构和产品结构，完善经济增长动力结构，优化经济增长方式结构，提高供给结构适应性和灵活性，使供给体系更好地适应需求结构变化。新时期国土空间整治作为调整城乡用地结构、提升供给效率的重要路径，应当被视为助力供给侧改革的重要切入点，把国土空间整治与疏解非首都功能、城市综合整治与人口调控紧密挂钩，同时，还要增强农业优质供给、弥补农村基础设施建设不足、化解城市用地低效等问题。

(2) 生态文明建设新标准

党的十八大从新的历史起点出发，做出"大力推进生态文明建设，建设美丽中国"的战略决策。当前我国资源环境承载能力已经达到或接近上限，环境污染、水土流失、土壤退化和景观破坏等问题突出。2015年9月中共中央、国务院印发了《生态文明体制改革总体方案》，要求进一步树立"绿水青山就是金山银山""空间均衡""山水林田湖"生命共同体等理念，构建起由自然资源资产产权制度、国土空间开发保护制度、空间规划体系、资源总量管理和全面节约制度、资源有偿使用和生态补偿制度、环境治理体系、环境治理和生态保护市场体系、生态文明绩效评价考核和责任追究制度等八项制度构成的生态文明制度体系，推进生态文明领域国家治理体系和治理能力现代化，努力走向社会主义生态文明新时代。因此，新时期都市区的国土空间整治要以"景观生态"为理念导向，大力提高土地整治环境污染治理能力，提高资源承载能力，并以生态、景观服务及休闲游憩功能为重点，积极推进景观建设和环境质量提升，加强"山水林田湖"生命共同体的整体修复。

(3) 新型城镇化建设新要求

改革开放以来，我国的城镇化水平从1978年的17.92%增加到2014年的54.77%，在我国庞大的人口基数下依然实现了平均每年递增1.02%的高速城镇化进程。然而随着城镇化率的迅速提高，进城农民工人数也在逐年激增,从2008年的2.25亿人到2014年的2.74亿人,占全国总人口的20.03%,若除去农民工城镇化率仅为34.74%,伪城镇化问题突出。同时我国城镇化发展过程中资源利用方式较为粗放,单位GDP能耗和地耗远高于发达国家,水资源产出率仅为世界平均水平的60%左右,低效利用状态的城镇工矿建设用地约为5000平方公里,占全国城市建成区的11%,土地城镇化速度高于人口城镇化速度。

首都地区的城市化有自身的特殊性。必须抓住京津冀协同发展战略契机,以疏解非首都功能为"牛鼻子",统筹考虑疏解与整治、疏解与提升、疏解与承接、疏解与协同的关系,突出把握首都发展、减量集约、创新驱动和改善民生的要求,大力调整空间结构,明确核心区功能重组、中心城区疏解提升、北京城市副中心和河北雄安新区形成北京新的两翼、平原地区疏解承接、新城多点支撑、山区生态涵养的规划任务,从而优化提升首都功能,做到功能清晰、分工合理、主副结合,走出一条内涵集约发展的新路子,探索出人口经济密集地区优化开发的新模式,为实现首都长远可持续发展奠定坚实基础。

(4) 乡村振兴的新需要

农业农村农民问题是关系国计民生的根本性问题。习近平总书记指出,"要坚持农业农村优先发展,按照产业兴旺、生态宜居、乡风文明、治理有效、生活富裕的总要求,建立健全城乡融合发展体制机制和政策体系,加快推进农业农村现代化。"坚持发展农业农村,解决农民生计问题,事关全面建成小康社会和社会主义现代化建设。小康不小康,关键看老乡。精准扶贫精准脱贫是实现"第一个百年"奋斗目标的"最后一公里",是检验全面建成小康社会成色的重要标准,必须全力以赴、精准施策,坚决打好这场攻坚战。实施乡村振兴战略,坚持农业农村优先发展,加快筑牢产业发展基础,改善基本公共服务,共享改革发展成果,将有效提升"三农"发展的协同性、关联性和整体性,使全体农民享有更多获得感、幸福感、安全感，为实现"第二个百年"奋斗目标奠定坚实基础。

在新的历史背景下，北京市郊区的国土空间整治既要以疏解非首都功能、治理"大城市病"为切入点，还要完善乡村地域的配套设施，保障和服务首都功能的优化提升，通过综合整治，努力补齐短板，积极推进城市修补和生态修复，提升城市品质和生态水平，增强人民群众获得感。

1.1.2 研究的意义

党的十九大报告提出了"人与自然和谐共生""绿水青山就是金山银山"等绿色发展新理念，明确了实现"两个一百年"奋斗目标的总体部署和战略布局，拟定了2035年和2050年国家发展方向、发展方式和发展要务。都市区的国土空间整治应遵照党中央部署，重构职能体系，重建任务框架，精笔绘制生态文明美丽首都蓝图。国土空间是指以自然资源为载体，汇集生态环境和各类经济社会活动于一体的系统关系总和，具有长、宽、高、深四维尺度，具备不同功能的立体范畴。国土空间整治是确保国家和地区生态、经济、社会发展安全，协调各类型空间功能需求，提升空间开发保护效能的总体行动方案。国土空间整治要应对防治局部生态恶化，化解社会矛盾显化，避免经济金融弱化，杜绝城乡过度同化，为实现新时代梦想，提供新空间供给，重塑新空间利用方式，营造新空间格局，落实新空间战略，培养新空间动能。

作为"农村之首、城市之尾"的大都市郊区是连接城市与农村的纽带，亦是城乡融合的关键区域。城市郊野地区是城市建成区与周边广大农业用地融合渐变的地域，它在空间上的连续性、土地特征向量的渐变性，以及社会、经济和人口等方面的复杂性，使之成为介于城市与乡村之间独立的地域单元。正是由于上述特征，大都市郊区土地利用也存在着诸多问题，如用地布局混乱，结构不合理，城市边缘区土地利用方式在空间上表现出高度多样性，几乎涵盖了城乡所有的用地形式，且各类用地相互交织，布局零散；城市扩张严重，建设用地不断蚕食农地，城市形态越来越复杂；农村居民点用地分布散乱，占地面积偏大；农村基础设施网络不健全，公共设施匮乏；田块规模较小，分布零散，农田基础设施不完善，不适合发展现代农业；总体生态环境条件较差，生活垃圾无序堆放、农田污染严重等。除此之外，近几年来，大都市地区普遍面临生态休闲、耕地保护与城市扩张的三重困境，而大都市郊区的农用地利用、农村建设用地功能之间的冲突也最为剧烈。作为典型的大城市、小郊区，北京市有着率先实现城乡融合发展的先决条件，土地作为农民生存的基本保障，做好大都市郊区国土空间综合整治，对于促进土地资源优化配置、实现城乡统筹具有重要的推动作用。

1.2 研究的总体安排

1.2.1 研究章节安排

本书内容主要分为以下四个部分：

1) 第一部分国土空间整治理论篇，包括第 2 章和第 3 章。第 2 章系统梳理了土地整治的发展历史与演化进程，并结合新时期国土空间整治工作的研究现状，对今后一段时期土地整治的发展趋势做出概略判断。第 3 章从区域统筹发展理论、农业圈层结构理论、比较优势理论、生态经济学理论、景观生态学理论以及系统论等方面梳理国土空间整治的相关理论。

2) 第二部分国土空间整治条件篇，包括第 4 章~第 6 章。第 4 章对北京市改革开放以来近 40 年农业发展的态势做了整理。第 5 章重点剖析了北京市生态用地空间演变情况，并对其空间布局思路做出解释性安排。第 6 章是基于新一轮城市规划对北京市的功能定位、发展目标及整治路径，总结出国土空间整治的战略路径。

3) 第三部分农业用地整治篇，包括第 7 章~第 9 章。第 7 章是基于景观建设理论对北京市的农田进行了整理分区，并提出相应的整理模式。第8章选择门头沟区为案例区，对山区耕地资源演变情况做了定量测度，提出山区耕地利用的目标和方向。第9章基于耕地多功能理论，对北京市耕地利用的多目标利用做了适宜性评价。

4）第四部分农村居民点整治篇，包括第10章~第13章。第10章对农村居民点功能演化进行简单梳理，并对北京市农村居民点综合整治的必要性进行系统阐述。第11章从农村居民点整治的时序安排、模式等展开系统研究。第12章以平谷区这个山地-平原地貌类型丰富的区域为案例区，对区域内农村居民点演化的时空特征及分类调控模式做了系统探索。第13章以生态山区的门头沟区为案例区，按照生态刚性约束的整治理念，基于景观生态学理论对山区农村居民点退出路径做出积极探索。

1.2.2 研究目的

(1) 密切跟踪研判国土整治实践发展

近年来在一些发达大都市，土地整治的目标、重点、对象和主体等逐渐由单一向多元综合化发展。究其原因，在新型城镇化、城乡融合发展、乡村振兴战略和生态文明体制改革的背景下，大都市区面临着优化土地利用、保持经济活力、建设宜居都市的综合任务，需要统筹解决保护耕地、保障发展、保护生态和维护权益等问题，亟须探索并走出一条高水平国土综合整治之路。北京目前处于我国城镇化发展的较高阶段，已经开始了国土综合整治方面的多元化探索，加强对已经处于"四化"同步协调发展第一方阵城市的国土综合整治实践研究，是研究我国国土综合整治理论实践的必要环节。

(2) 丰富完善国土综合整治基础理论

与传统的土地整治相比，我国新时期的国土综合整治目标在发生转变：由以经济发展为主向以社会稳定、生态安全为主转变，由单一的国土开发向修复国土功能、综合治理方向转变，整治周期从短期向长期转变。新形势下，建立一个和谐的人地系统，形成经济社会发展、人口布局优化、资源环境合理利用与治理保护有机结合的国土综合整治新格局，是未来国土综合整治所追求的基本目标。实现以上目标，不仅需要对国土综合整治的概念、目标、内容及模式机制等基础理论进行系统研究，还需要采取"以案论理、以案证理"的方法，聚焦我国先行先试的国土综合整治案例，通过对典型案例做法和经验问题的剖析，进一步丰富我国国土综合整治的基础理论。

(3) 推动制定国土整治相关政策

通过大都市郊区国土综合整治的案例剖析，在对比不同区域的经济社会和资源环境基础、发展目标定位等基础上，比较其在国土综合整治措施及经验问题方面的异同，有助于为其他城市提供参考借鉴，并为制定国土综合整治政策、战略提供重要参考。在目前国土综合整治尚不能全面推进的情况下，加强大都市郊区国土综合整治研究，有助于进一步深化和拓展土地整治的内涵和外延，引导土地整治工作的扎实推进和深入开展，推动土地整治实现向国土综合整治跨越。

1.2.3 研究方法

(1) 地理信息系统空间分析方法

地理信息系统（GIS）是用于采集、模拟、处理、检索、分析和表达地理空间数据的计算机信息系统，对空间地理数据的强大空间分析功能是其与一般信息系统最显著的区别，是 GIS 的核心部分之一（汤国安等，2002）。空间分析主要通过空间数据和空间模型的联合分析来挖掘空间目标的潜在信息，是从一个或多个空间数据图层中获取信息的过程；并且将空间目标的空间数据和属性数据结合起来作为数据组织、查询、分析和推理的基础，进行许多特定任务的空间计算与分析，从 GIS 目标之间的空间关系中获取派生的信息和新的知识，使操作者在获取分析对象空间信息的同时，还可以利用属性信息，对空间信息加以直观描述和解释说明，使输出结果更加清晰明朗（朱长青等，2006）。

在研究借助于地理信息系统强大的数据处理与空间分析能力，对数据资料的空间处理和分析是获取空间评价结果的重要手段，并将评价结果以图件形式呈现，以此作为分析和决策的依据，所用到的主要软件有 MapGIS6.7、ArcGIS10.2 等。

(2) 实地调查、访谈法

实地调查是社会调查的一个重要步骤，它不仅与研究目的及研究内容紧密相关，而且还直接关系到资料的收集、整理和分析。通过对实地调查资料的分析和处理，有利于将理论与实践相结合，将感性认识上升为理性认识，直接指导研究工作。

访谈法就是通过访谈者与被访谈者之间的交流来获得信息的方法。可以通过电话进行访谈，可以面对面进行访谈，也可以通过信函的方式进行访谈。这种访谈可以一对一地进行，也可以一对多、多对多地召开座谈会的形式进行。在获取有关事项的背景知识或者分析造成问题的原因以及寻求解决问题的建议时，访谈法是一种非常有效的方法（姜广辉，2007）。

本研究根据土地综合整治规划的需要，对北京市昌平区、延庆区、顺义区、平谷区、门头沟区、大兴区等地做了大量典型调研，对北京市农村居民点的利用现状、基础设施和环境状况，以及农村居民点改造、新农村建设等进行了典型调研。

(3) 数理统计分析法

所谓数理统计分析法就是通过统计调查收集的大量原始资料，并结合数理统计知识经过分组管理加以分析，从中找出事物矛盾运动的内在联系及其发展规律性的方法（钟尔杰等，2004）。数理统计方法和模型化方法是紧密相连的，数理统计分析是进行适宜性评价、构筑评价模型的关键，是深入了解土地利用复杂性的重要手段。

本研究中，借助数理分析对大量的土地利用现状数据、社会经济数据进行规整分类。通过多元分析与综合比较获得土地综合整治研究的一手数据。

1.2.4 数据的处理与说明

（1）区域的基本概况

研究区——北京市的土地面积 16410km^2，地势西北高、东南低，其中平原面积占 38.71%，山区面积占 61.29%，共辖 16 个区。本研究主要聚焦于北京市中心城区外围郊区国土空间整治的相关理论与实践工作。

（2）数据的收集

研究需要收集的数据包括地形、土壤、水温、环境地质、土地利用现状、城市规划和社会经济等数据，以及农户收入、认知和意愿等数据。数据来源包括第一手数据的调查和观测以及第二手数据的收集和购买。研究区的总体情况和背景资料以第二手数据为主，如研究区的土地利用详查数据、使用的城市规划数据均来源于《北京市城市总体规划（2004 年—2020 年）》，社会经济统计数据来源于相关年份的统计年鉴。调查区域的样本数据以第一手数据为主，通过设计问卷、采用观察与访谈等方式调查获取。

（3）数据的处理

基于获取的数据材料，在 ArcGIS10.2 的支持下，统一专题图件的空间投影坐标，建立研究区自然属性数据库；对收集与调查的社会经济数据进行统计与录入，形成自然-环境-社会-经济综合属性数据库。

(4) 相关解释说明

　　为了系统阐述国土空间整治的相关原理和方法，需要有多时空、多尺度的数据支撑，受研究条件的限制，我们难以获取最新的相关数据资料（如土地利用现状数据等），使书稿中的部分数据显得较为"陈旧"，但本研究注重的是研究思路和方法的创新，所以这并不影响对相关社会现象和发展规律的科学解释。

　　另外，由于国土空间整治是一个逐步演化而来的概念，曾经有土地整理、土地整治、土地综合整治等多种叫法，在不同的历史时期其概念、内涵有所不同，因此本书没有对其叫法进行统一更正。

国土空间整治理论篇

第 2 章

国土空间整治的演化进程及其研究进展

2.1 土地整治的发展历史与演化过程

国土整治是以国家战略实现与国土资源优化为目标，是通过政府、市场和社会的合作，利用工程、技术、经济、行政和法律等手段对有待改造的国土进行因地制宜的整治，消除国土资源及其统筹利用中的障碍性因素，调适国土资源禀赋，以满足发展需要。国土整治的本质是"对人与国土关系的再调适"，从整体上全面提升国土利用的综合效率和效益、保障国土资源的永续利用、改善生态景观环境的状态，最终促进人与自然的可持续协调发展。

2.1.1 相关概念的演化过程

国土空间整治的概念随着一个国家（地区）经济社会发展而不断发生变化，从其发展历程来看，其内涵逐步丰富，目标多元化、区域综合性特点越来越鲜明。我国现代意义上的土地整治是在改革开放后逐步形成和发展起来的，主要经历了发育阶段（1987—1997年）、发展壮大阶段（1998—2007年）和综合发展阶段（2008年至今）。在发育阶段主要是借鉴海外经验，在实践中探索土地整理的实施途径；发展壮大阶段是土地整治全面推进时期，主要以农地整理为主要内容，以增加耕地面积，提高耕地质量为主要目标；综合发展阶段土地整治开始从单纯农地整理向农地整理与村庄土地整治相结合的综合整治转变，并成为建设社会主义新农村、统筹城乡发展的重要平台和抓手（中国科学技术协会，2010）。

土地整治在我国最初被称为土地整理，下面从土地整理和土地整治的定义演化过程出发，分析土地整治内涵的变化。

土地整理的基本内涵是：在一定区域内，按照土地利用的用途和目标，采取行政、经济、法律和工程技术手段，对土地利用状况进行调整和改造、综合整治，提高土地利用率和产出率，改善生产、生活条件和生态环境的过程。土地整理的任务主要包括两个方面：一是对无序混乱或者不合理的土地利用现状进行整理，提高土地利用率和生产能力；二是由于种种原因造成土地权属混乱或者分配上的不合理，通过整理对土地权属进行调整。从土地整理的目的来看，有的是因为相邻单位地块插花或者犬牙交错导致权属不清，需要进行整理；有的是城镇土地利用布局不合理，旧城改造需要进行土地整理；有的是村庄内部闲散宅基地挖潜需要进行土地整理；有的是对未利用土地的开发进行土地整理；有的是对低产田的改造进行土地整理等（刘黎明，2004）。

《中华人民共和国土地管理法》对土地整治的定义：对低效利用、不合理利用和未利用的土地进行整治，对生产建设破坏和自然灾害毁损的土地进行恢复利用，提高土地利用率。由此可见，土地整治是盘活存量土地、强化集约用地、适时补充耕地和提升土地产能的重要手段。当前将土地整治与农村发展，特别是与新农村建设相结合，是保障发展、保护耕地和统筹城乡土地配置的重大战略。土地整治的概念演化是在资源成为稀缺因素，且生态安全深入人心的背景下对土地资源科学配置及合理利用的理性探索。

当前，国土空间整治是推动生态文明建设、协调经济社会发展和落实国土空间规划、促进国土空间优化的重要抓手，新时期下国土空间整治有六大总体目标，包括国土生态系统平衡、国土利用格局优化、推动城乡统筹发展、促进区域协调发展、实现陆海联动统筹和助力国土制度建设，与之相对应的主要任务包括整治多重生态资源以构筑国土生态安全屏障、以"三生空间"为承载重构国土空间、开展"田水路林村镇"整治以推动城乡统筹、开展跨区域资源调配以统筹区域发展、进行蓝色国土综合整治与安全建设和完善国土综合整治制度体系等六大方面。

2.1.2 国内外土地整治的发展历史

(1) 国外土地整理的发展历史

土地整理（Land Consolidation, Land Rearrangement, Land Readjustment, Land Repotting, Land Assembly）是土地利用的一个重要方面和改善土地利用条件的重要实践活动。土地整理起源于德国、俄罗斯等欧洲国家，在世界上具有悠久的历史（王万茂，1997），学者们也从不同角度开展了关于土地整理的研究。

土地整理的概念首次出现在1886年巴伐利亚的法律中（徐雪林，2002）。1953年，联邦德国在以前土地整理法规定的基础上，制定并颁布了第一部《土地整理法》。法国的土地整理始于1705年，于1919年颁布了《土地调整法》。俄国的土地整理于17世纪就已经开展，从1765年始用了20年时间完成全俄土地资源的调查与划界（王万茂，1977）。土地整理的内涵不尽一致。德国、法国、俄罗斯、加拿大等国家，将调整土地利用结构和土地利用关系、实现土地规划目标的实施过程称为土地整理（Erich Weiβ，1999）；日本称为土地整治或整备（陈明利，1997）；韩国称为土地调整（国家土地管理局规划司）。

德国是世界上最早颁布有关土地整理法律的国家，也是土地整理开展最广泛、效果最好的国家之一。1834年，德国颁布了世界上第一部《土地整理法》，到1939年的100多年中，通过土地整理新增耕地300万公顷，约占当时全德国总耕地面积的 1/3，从 1939 年到第二次世界大战结束，其主要内容为针对农业用地分散、零碎等问题，实施集中的措施，以改善农业生产经营条件，并结合基础设施和公共事业建设开展土地整理。第二次世界大战结束以后，德国又重新颁布实施了新的《土地整理法》，并于 1953 年、1976 年两次进行了修改和完善，这一时期，交通、能源、水利等大型工程的建设与发展，土地整理提供了大量的用地，同时又要通过土地整理使被大型工程打乱的地块变得规则化。20 世纪 70 年代至今，随着经济的发展及人们观念的变化，自然景观的保护受到了广泛重视，土地整理又增加了相应的内容，它在原有任务的基础上，增加了对自然景观保护及环境保护的相关内容，以期通过土地整理来追求社会、经济、环境效益的统一和协调（张秦伟，2000）。

俄国于 18 世纪中叶就在开展了土地整理工作。1779 年，莫斯科设立了世界上第一所土地整理学校。十月革命胜利以后，土地整理作为调整土地关系、组织土地利用的国家措施，在发展巩固社会主义土地公有制中发挥了重要作用，随着社会主义经济的发展，保护土地、创造良好的生态环境和改善自然景观逐渐成为土地整理的重点（张秦伟，2000）。

在土地整理的起源和发展中，各国土地整理的内容随着其自然、社会和经济发展的变化，不断地进行调整和完善，逐步形成了各自相对完善的体系。世界许多国家（如印度、印度尼西亚、日本等）都借鉴欧洲土地整理经验，根据自身的情况和特点，开展了土地整理的实践活动，并把土地整理作为实现土地利用长远战略目标、促进土地合理利用、调整土地利用结构和土地关系的重要手段。

从国外的土地整理经验来看，当社会经济发展到一定阶段时，对土地资源的利用逐渐从单一的利用目标向综合开发利用转化，土地整理的内涵在不断增加，在整个社会以及经济领域中所起的作用日益加强。目前，国外由于农业生产过剩和人们环境保护意识的提高，土地整理的重点转向景观设计和生态环境的保护。同时，农业土地整理的目标也从提高农业生产力转向改善农民生产、生活条件和提高农业竞争能力。通过土地整理，从地域系统角度追求经济、社会、环境效益的统一和协调。

(2) 我国土地整理进展

我国的土地整理可以追溯到西周时期的井田制度，这可以说是我国古代早期的土地整理。我国的土地整理在《史记》《尚书》等古籍中都有记载。在史籍《商君书·徕民篇》中有通过土地整理安排国计民生的范例。我国完整意义上的土地整理开始于民国时期。

国民党政府制定的土地政策带有强烈的实用主义色彩。1932年蒋介石在谈到土地改革蓝图时就说："我们急需研究的内容，一种是土地制度，一种是改革土地制度的技术。"在国民党统治区，一些地方也进行了改良，颁布了《土地整理章程》《变更地籍整理章程》和《县行政区域整理办法大纲》等文件。1933—1934年，陈果夫在江苏开展地籍整理，丈量土地，并把淮河干涸的土地整理后，租给农民耕种，取得一定成效。1934年前后南京也掀起了一次整理地籍的舆论高潮。此后，陈果夫和刘峙等人提出一些土地整理的法规措施，当时抗战开始以后，国民党无暇顾及土地整理。抗战胜利前夕，1945年5月在国民党第六次代表大会的决议中又重新提出了完成地籍整理等土地政策。但沉迷于内战的国民党政府根本就没有能力来完成这项工作，这就注定了国民党的土地整理政策在大陆的失败（吴怀静，2005）。

新中国成立初期，土地整理主要通过一平二调，以变更权属关系为主要内容（王如渊，1999）。20世纪50年代借鉴苏联的做法，主要内容转向土地利用规划，土地整理内涵在当时就是土地利用规划。20世纪60年代由于自然灾害等因素的影响，土地整理处于停滞状态。20世纪70年代，土地整理转向以大搞农田基本建设为主，以平整土地、合并地块、兴建新村、整理沟渠和道路来组织土地利用（国家土地管理局规划司，1997）。20世纪80年代，土地整理以推行农村联产承包责任制及兴办乡镇企业为主线，土地利用方式与用地结构均发生巨大变化；《中华人民共和国土地管理法》（1986年6月25日通过）第三十一条提出"占多少，垦多少"的原则，要求"由占用耕地的单位负责开垦与所占耕地的数量和质量相当的耕地"或"缴纳耕地开垦费、专款用于开垦新的耕地"。20世纪90年代，国民经济迅猛发展，耕地锐减，土地整理开始转到以编制土地利用总体规划来大力挖掘土地利用潜力，增加耕地面积，提高耕地质量为主方向，同时通过土地整理来改善生产、生活和环境（夏莉莉，2001）。1997年4月《中共中央、国务院关于进一步加强土地管理切实保护耕地的通知》中，明确指出"各地要大力总结和推广土地整理经验，按照土地利用总体规划的要求，通过对田、水、路、林、村进行综合整治，搞好土地建设，提高土地质量，增加有效耕地面积，改善农业生产条件和环境"。1999年1月1日正式颁布施行的新《中华人民共和国土地管理法》将土地整理作为提高土地利用效率、增加有效耕地面积的重要途径，正式写进这部法律，国土资源部又明确将该法律规定的"征收新增建设用地土地有偿使用费"作为土地整理的专项经费，于2000年启动了国家投资开发整理项目，并成立了专门机构——土地整理中心，负责全国土地整理业务工作及理论技术的运作和指导，为此，土地整理工作已在我国轰轰烈烈地开展起来了。

为了指导各地土地整理工作的全面开展，在2000年国土资源部制定了土地开发整理行业标准，对土地开发整理规划的编制、土地整理规划设计、项目验收和项目管理提出了具体要求。为了加强和规范土地开发整理规划，科学指导土地整理工作，2002年颁发了《关于认真做好土地整理开发规划工作的通知》和《土地开发整理规划管理若干意见》的文件，国土资源部土地利用规划司编制了《土地开发整理规划编制规程》，指导全国的土地开发整理工作。

2008年国土资源部发布了《国土资源部关于进一步加强土地整理复垦开发工作的通知》（国土资发〔2008〕176号），提出开展基本农田建设整理，提高农业综合生产能力，将土地整理与促进城乡统筹和新农村建设相结合。

2009年党的十七届三中全会的《决定》指出："我国总体上已进入着力破除城乡二元结构，形成城乡经济社会一体化新格局的重要时期。"统筹城乡发展，难点在农村、焦点在农地，而农村土地整治正是破解这一难题的"金钥匙"，是新农村建设和城乡统筹发展的重要抓手和新的平台。

2009年3月，国土资源部根据中央1号文件要求，下发了《国土资源部关于促进农业稳定发展农民持续增收推动城乡统筹发展的若干意见》（国土资发〔2009〕27号），要求各省市积极开展土地综合整治，促进新农村建设和城乡统筹发展，并在全国范围内启动"万村整治"示范工程建设。

2012年党的十八大以来，中央坚持把生态文明建设作为统筹推进"五位一体"总体布局和协调发展"四个全面"战略布局的重要内容，并将其摆在重点工作的突出位置，从加强环境保护到推进生态文明建设，再到推动绿色发展，归根到底，就是要转变资源开发方式和空间利用模式，提高资源和空间的使用效果，国土整治是提高资源和空间使用效果的有力手段之一。今后一段时期的国土空间整治工作，就要按照党中央、国务院决策部署，实施生态文明体制改革，以建设美丽中国为目标，以正确处理人与自然关系为核心，以解决生态环境领域突出问题为导向，保障国家生态安全，改善环境质量，提高资源利用效率，推动形成人与自然和谐发展的现代化建设新格局。

2.2 新时期我国土地整治研究的现状与发展趋势

土地资源是可持续发展的空间基础和物质保证，实现对土地的可持续利用，需要依靠土地科学从理论上解释、时间上解决人类所面临的土地问题，合理高效利用有限的土地资源。研究土地资源保护与整治，必须在认清土地资源的生态特征与功能的基础上,研究土地资源退化的原因及防治对策,加强对土地资源数量与质量的保护,通过土地生态设计、土地整理和土地复垦等技术,达到对土地资源可持续利用的目的。虽然土地整治活动开展的历史较为悠久,但从严格意义上来讲,土地整治真正作为一门学科是在新中国成立以后形成的,并于20世纪90年代中期被正式提出和运作,这标志着土地整治进入了一个新的发展时期。20世纪90年代以后,随着耕地总量动态目标的提出,土地整治成了节地挖潜、增加耕地面积的有效途径,我国学者对土地整治的研究范围逐步扩大。

20世纪末,为了保证粮食安全,土地管理部门启动了耕地占补平衡的政策,立项开发后备资源。进入21世纪,鉴于耕地后备资源越来越少,以及耕地后备资源开发带来的生态问题,土地管理部门已经将土地开发逐步引向土地整理,并开始重视土地复垦。近年来土地整治科技工作者以科学发展观为指导,紧密围绕土地科技发展的实际需求开展研究,有效地推动了我国土地整治工程的发展。

2.2.1 我国土地整治研究的相关进展

(1) 土地整治的理论与方法研究

20世纪90年代我国大陆土地整理研究多集中在土地整理的产生、意义、概念、内容和效益等领域(邢玉忠,1998;俞明轩,1998;韩澜仙和韩桐魁,1999;阎建忠,1999;刘晶妹,1999)。随着我国土地整理事业的开展,土地整理研究更加广泛。许多专家对土地整理的潜力、效益、产业化、可持续农地整理、土地整理运作模式、土地整理区划与时机、产权调整和质量评价、农地整理优化等进行了研究(张正峰,2002、2003;范金梅,2003;张丽琴等,2003;龚健,2004)。国土资源部土地整理中心就土地整理与土地质量分析、西部典型区土地整理生态评价的指标体系与方法、土地整理项目检查验收评价指标体系、土地整理潜力与效益分析方法等进行专项课题研究，有些课题已取得阶段性成果。

王万茂（1997）等学者在参考引荐国外土地整理及我国台湾地区土地重划及我国大陆土地整理实践的基础上开展土地整理的研究，在土地整理的内容、模式、土地整理规划及其与土地利用总体规划、村镇规划之间的关系等方面取得了初步成果，并对土地整理规划的编制技术做了积极探索。姜爱林（1998）等从分析比较国内外对土地整理的不同观念出发，并结合我国实际，科学地提出了土地整理的经济学概念及确定这一概念必须遵循的规律。陈美球（1999）提出了"编制好详细规划是土地整理的基础"和"乡村土地整理的若干技术问题探讨"，谢经荣（1997）提出了土地整理是促进经济增长的重要方式的概念。在土地整理的总体方略上，鹿心社（2002）等从土地整理的基本概念、发展历史，阐述了现阶段积极推进中国土地整理工作的重大意义，提出中国土地整理的总体方略。鞠正山、张凤荣（2003）在全国土地整理区划的基础上对一级区和二级区的土地整理方向进行了初步探讨，对因地制宜地确定土地整理示范区的发展方向，协调人地关系，实现区域土地资源可持续利用具有重要意义。罗明（2003）就土地整理作为土地科学的一个新的学科"生长点"，结合目前我国土地整理工作的任务与实践，探讨了土地整理的理论，包括阶段理论、市场理论、广域理论、区域差异理论、效益统一理论和人居环境理论等。关于土地整理对生态环境影响方面的研究，严金明（2000）首次提出了在土地整理中要引入"景观生态学"的设想，叶艳妹（2001）提出了生态环境保育型农地整理规划设计模式，高向军（2003）等学者分别从国家、区域及景观三个尺度讨论土地利用与覆被变化研究（LUCC）与我国土地整理活动的结合方式和途径。土地适宜性评价是土地开发整理的基础，刘长胜（2004）在GIS的支持下进行土地整理方面与土地适宜性评价及生态环境影响效益评价的相关研究，我国土地整理理论技术体系正日趋成熟。

随着经济的快速发展，耕地被大量占用，在严格的土地管理制度环境下，我国保证国家粮食安全而制定的占补平衡政策不折不扣地执行。后备资源开发是实现占补平衡的重要途径，许多专家对后备资源开发利用、占补平衡实现、开发与生态环境保护、开发的可行性、经济供给能力、开发时序方面做了深入探讨（李红，2000；姜广辉，2006；周春芳，2004；姜广辉和张凤荣，2007；张迪，2004；严长清，2005）。

城镇建设用地增加与农村建设用地减少相挂钩的政策思想来源于耕地总量动态平衡，探索于城镇建设用地占用耕地的周转（国土资源部，2000）。实施挂钩政策的关键在于农村建设用地的整理（张宇和欧名豪，2006），其中主要是农村居民点用地整理。实施挂钩政策，开展农村建设用地整理，可以有效推进"工业项目向开发区集中，农民居住向城镇及中心村集中，基本农田向保护区集中"，为城镇建设拓展空间，推进社会主义新农村建设进程；有利于优化用地结构，提高土地集约利用程度和城乡统筹发展，有利于土地资源的保护和土地利用规划的实施。

近年来，农村居民点用地整理问题的研究开展较为广泛，涉及用地特征、问题和影响因素分析（陈美球，1999；胥国麟，2006；章大梁，2000；朱红波，2005；李月兰，2003；周韬，2003；高轩，2004；张占录，2005；刘志玲，2003），整理开展的必要性和可行性分析（王建国，2003；陈美球，2006）、整理模式和手段（樊琳，2004；彭建，2004；张志宏，2007；谷晓坤，2007）、整理潜力和评价方法等（师学义，2003；刘咏莲，2004；周滔，2004；林坚，2007）。

(2) 土地整治的最新研究进展

1）宜农未利用地开发

目前我国学者对宜农未利用地开发的研究较少，主要集中在耕地资源开发的基础理论、耕地后备资源调查评价，提出了耕地资源开发的激励机制，完善了耕地后备资源开发评价体系。

在耕地资源开发基础理论方面，丁成日（2008）通过分析美国土地开发权制度的研究，认为基于经济激励机制比刚性政策能够更有效地保护耕地。谢红丹和查良松（2008）提出了安徽省以土地生产效率和土地资源开发潜力为基础的耕地资源开发优势度的概念和模型，发现该模型能够很好地拟合耕地资源的现状和区域差异，可以为不同区域构建合理、高效的农业模式提供参考依据。

在耕地后备资源调查与评价方面，唐详云（2008）提出耕地后备资源适宜性评价属于多目标不确定性识别的范畴，提出了物元可拓耕地后备资源适宜性评价流程、评价体系和数据的分类处理方法。该方法降低了评价过程中人为因素的干扰，同时又弥补了模糊综合评价计算复杂的缺陷，可大大提高评价结果的客观性、实用性。王慎敏（2009）以地理评价理论为基础，选取了土地开发项目区未利用地16个地理影响因子，并利用层次分析法对各影响因子进行了权值计算和综合评价，发现土体厚度是土地开发项目区未利用地地力的最大影响因子，其次是障碍层状况、土壤质地和有机质含量。代兵（2008）构建了新疆后备耕地资源的自然-生态-经济适宜性评价指标体系，以 $1km^2$ 栅格数据和统计数据为基础，基于 GIS 评价新疆县域后备耕地资源数量及分布。王筱明（2010）将济南市宜耕未利用地划分为优先开发潜力区、次优先开发潜力区、适度开发潜力区和最差开发潜力区和研究结果可为未利用地开发规划提供参考。

2）农用地整理

农用地整理方向取得的进展主要集中在土地整理景观生态规划设计、土地整理潜力与效益评价等方面。

在土地整理景观生态规划设计方面，提出景观生态型土地整理、生态保育型土地整理、环境伦理型土地整理和生态友好型土地整理等观点。刘勇（2008）提出土地整理项目的生态效应指标体系包括提升生物多样性、维持物质和能量流通、维持景观格局稳定、提升生活品质、提高生态服务价值等五个方面。边振兴（2008）运用农业景观生态规划与设计方法，提出了由单一农田土地整理规划扩展到涵盖农田、水系、林地和村庄的区域性综合土地整理规划与设计的新模式，统筹规划了农村景观基质、廊道和斑块，其能够有效提高农业景观生态系统的总体生产力和稳定性。陈丹杰（2008）将生态足迹法的生态承载力模型成功地运用到土地整理规划环境影响评价中，能够较好地反映土地整理规划前后生态承载力的变化，为土地整理规划环境影响评价提供一种可以量化的方法。张凤荣（2005、2008）认为，在北京，都市型现代农业不仅意味着通过观光、休闲和采摘等来提高农民收入，更重要的是，都市农业为市民营造优美的令人心旷神怡的田园景观的农业。北京农业的发展要按照建设宜居城市的要求，在充分发挥农业生产功能的基础上，通过调整农业产业结构和空间布局，大力发展资源节约型和环境友好型的种植和养殖业，更好地发挥农业的社会公益性功能，促进资源环境和经济社会的协调与可持续发展。为此，构建了一个以北京市中心城区为中心的"四圈农业"模式，该种整理方式不但可以提高农产品的量与质，也可以改善农田生态服务能力和城市环境质量，全面提升农业综合生产能力，加快发展都市型现代农业，实现农民增收，改善农民生活水平，逐步缩小城乡差距。

　　土地整理潜力与效益评价方面，构建了区域土地开发整理潜力评价方法，土地整理绩效评价研究开始得到重视，生态系统服务价值、景观生态理论、生态补偿理论等先进理论与方法被应用，且逐渐由定性化向定量化转变。在土地整理潜力评价方面，倪九派（2009）对耕地整理、未利用开发、废弃地复垦和农村居民点整理构建多层次区域土地开发整理潜力评价指标体系，将改进 AHP、熵权法与综合评价法结合起来对重庆市土地开发整理潜力进行了定量化评价，在很大程度上解决了区域土地开发整理评价研究中无法科学确定评价指标权重的问题。在生态效益评价方面，赵桂慎（2008）在农田尺度上，从耕地质量、生态条件和环境质量三方面入手，提出了定量化分析为主的生态效益评价方法。在土地整理综合效益评价方面，孙雁（2008）将农地整理项目后效益分为经济产出价值、社会保障价值与生态服务价值三部分，同时分别用货币的形式使农地整理效益价值得以显化，该方法可进一步拓展应用于中观尺度的农地整理效益评价。在土地整理绩效评价方面，展炜（2008）利用特尔菲法、层次分析法和模糊综合评价法，建立了可量化土地整理效益水平的土地整理绩效评价体系，发现土地整理项目经济效益和生态效益相对较弱，需建立土地整理项目绩效评价的长效机制。在土地整理社会评价方面，引入熵值理论从数据本身所反映的信息无序化效用值来计算权重系数，可以有效地减少其计算的主观性，能够定量化反映土地整理社会效益实现程度。

3）农村居民点整治

农村居民点用地是我国农村土地利用的重要组成部分，其变动格局映射了农村社会的发展变化历程。随着中国城乡差距的不断扩大以及乡村聚落发展过程中建房占地与村庄空心化现象并存，区域分异特征日益凸显。

刘彦随（2007）以沿海地区城市化快速发展的区域特色为背景，从农业产业与就业结构变化的角度，分析了乡村转型特征及其情景，认为城乡差异决定着农村地域类型的复杂性及其发展模式的多样性，并提出新农村建设需遵循区域差异性与乡村转型发展规律，因地制宜、科学规划、分区推进。姜广辉（2007）通过对比北京山区1993—1996年、1996—1999年、1999—2002年三个时段建设用地各二级地类变化的空间聚类和历史形态，揭示北京山区城乡建设用地结构演变的空间分异特点和未来发展趋势。龙花楼和刘彦随（2009）基于区域经济社会与自然条件的差异性决定差异化的空心村类型这一原理，划分了空心村演化类型及类型区域，并从经济、自然、社会文化及制度与管理四个方面分析了空心村演化的驱动机制。

在农村居民点用地类型划分方面，广大学者也从不同的角度做了广泛而深入的研究。郭晓东（2013）以陇中黄土丘陵区乡村聚落为例，分别从聚落形态（集聚型、分散型）、地形特征（河谷川道聚落、丘陵山区聚落）、聚落规模（小型、中型、大型）、经济特征（传统农业型、劳务输出型、半商品经济型、商品经济型），对区域聚落类型进行详细划分。秦天天（2012）根据栖霞市山地特点以及农村居民点用地特征，基于生态位理论，采用可达性测算、聚类分析、适宜性评价等定量分析和定性分析相结合的方法，将农村居民点分为重点发展型、适度发展型、限制扩建型和优先整治型四种类型，并建议：对重点发展型要有序调整内部结构促进集约利用，适度发展型要盘活存量用地，循环利用旧宅基地和闲置宅基地，限制扩建型要维持现状，引导人口外迁，推动宅基地腾退，优先整治型要适时搬迁。曲衍波和张凤荣（2011）选择北京市海淀区、顺义区和平谷区三个处于不同城市功能区和经济发展水平的典型区，采用单因素目标比较法和多因素综合评价法，从用地强度、用地结构和用地布局三个方面进行农村居民点用地集约度的测算，然后比较分析了研究区之间农村居民点用地集约度的区域性差异及其影响因素。潘娟（2012）基于农户意愿运用有序多分类 logistic 分析法、入户调查法和 GIS 数据分析法探讨不同兼业类型农户居民点用地选址的影响因素。周小平（2012）以山东省和福建省为例，通过农户调查对两地农村居民点整治意愿进行实证研究，分析不同经济发展水平地区农村居民点整治意愿，探索农村居民点整治的实施机制，为保障农村居民点整治的顺利开展提供借鉴。张中华（2012）以陕南秦岭地区为案例，提出要立足西部山地的地域、生态、环境特色，以及经济与社会文化特征，按照统筹城乡发展的规律，在参考国内外其他城市人口转移模式的基础上，通过对关键影响要素的识别，构建基于城乡居民点、产业园区、交通和生态的人口转移发展模式。

2.2.2 土地整治研究的发展趋势

国土空间整治协同推进供给侧结构性改革、农业转型发展、美丽乡村建设、新型城镇化建设、生态环境修复治理，助推脱贫攻坚，体现了深入贯彻新发展理念，主动适应经济发展新常态。在农地整治方面，要结合农业产业发展方向，通过科学规划设计，实现小块并大块，配建必要的农业生产基础设施，改善土地生产功能，使整治后耕地更加适应农业产业规模化经营要求。在建设用地整治方面，全面融入生态、人文景观保护等理念，运用新材料、新技术、新工艺，加强农田生态景观和农村乡土风貌建设，充分发掘自然资源的生态价值，满足民众乡村旅游和休闲等需求。在城乡融合发展方面，通过建设用地整理，形成建设用地空间流动、土地增值收益空间转移的双向流动机制，为乡村发展获取城市资本要素，实现土地整治成果城乡间的共享，最终带动城乡良性互动和协调发展。

发挥国土整治在吸引产业落地、整合统筹资金和促进生态环境治理修复等方面的聚合作用，充分发掘土地自然资源、农田生态景观和乡村文化价值等功能，培育新的经济增长点和市场核心竞争力，成为新常态下促进经济发展方式转变、推进供给侧结构性改革、增强发展新动能的重要平台和抓手。

第 3 章

国土空间整治的理论基础及其时代功能

开展国土空间整治不但可以适时补充部分耕地、盘活存量土地、优化城乡用地、强化集约用地、提升土地产能,而且可以适应城乡转型,推进乡村振兴战略的实施,加快城乡融合发展。

为此,国土空间整治要以保护耕地、合理利用土地、促进节约集约用地为根本出发点,着力于增加有效耕地面积、提高耕地质量、推进农村集体建设用地集约高效利用、改善农业生产条件和农村生活条件。统筹规划,推进农村集体建设用地集约高效,促进乡村振兴,推动城乡融合发展。同时,国土空间整治工作的开展,必须有科学的理论做指导,根据区域自然条件、经济社会和城乡建设发展情况,结合城市发展、乡村建设,因地制宜,充分发挥地方资源优势,优化土地利用结构,体现特色文化,注重保护生态环境和文化遗产,使土地综合整治与城乡建设、自然生态和文化特色相互协调。

3.1 国土空间整治的理论基础

3.1.1 区域统筹发展理论

城乡统筹发展的目标是消灭城乡差别,实现城乡融合,实现资源优化配置及城乡经济、社会和文化的持续协调发展。城乡之间通过资源、技

第 3 章 国土空间整治的理论基础及其时代功能

术、资金和劳动力等生产要素的合理交流组合，相互协作，优势互补，以城带乡，以乡促城，达到城乡相互依存、相互促进关系的一种状态。

威廉姆逊根据世界 24 个国家截面和时间序列资料，计算得到了一条由人均收入及人均收入变异系数构成的倒 U 形曲线，用于解释均衡与非均衡增长之间的替代关系。区域收入差异在经济发展的起飞阶段日趋扩大，在中等收入阶段时达到最大，随着经济的进一步发展，进入成熟阶段后，在政府调整主导产业布局、加大财政转移支付等政策的作用下，区域差距将趋于缩小，也就是说经济发展程度较高时期经济增长对均衡的依赖性越强（郭岚，2007；俞国锋，2005；Anne，2006）。而实现均衡增长的难点就是如何找到倒 U 形曲线的顶点，并采取相应的调整措施，否则区域差距将继续扩大，从而带来因社会矛盾激化导致经济停滞的高昂代价。

从我国经济发展的实践来看，在改革开放之前，尽管我国不是有意识地依据平衡发展理论，但从实践来看，我国主要还是实行了区域均衡发展战略（郭岚，2007）。而在改革开放之后，我国主要实行的是非均衡发展战略，而且是有意识地借鉴了非均衡发展的相关理论（何有成，2004）。党的十六届三中全会提出了以人为本，全面、协调、可持续的科学发展观，强调"按照统筹城乡发展、统筹区域发展、统筹经济社会发展、统筹人与自然和谐发展、统筹国内发展和对外开放的要求"，推进改革和发展，正是在倒 U 形顶点处所做出的战略选择（孟媛，2009）。

党的十七届三中全会以来，以及近年来的中央一号文件都对区域统筹发展做了战略安排和工作部署，根据城乡统筹发展理论，北京市在制定国土空间整治规划时，应从城乡经济融合的角度，促进城乡经济的互动互促，从而推动区域经济的整体协调发展。

对于统筹区域发展应该在承认区域内部发展不平衡的基础上，因地制宜地采取各种措施，使各区域通过充分发挥优势，开展区域分工协作而共同发展，并实现各个区域发展的协调和可持续发展。目前对统筹土地利用仍无法明确提出，科学发展观要求统筹城乡发展、区域发展、人与自然和谐发展。北京市郊区的农村靠近中心城市，具有良好的区位优势，区域经济基础较好，因而有着率先实现城乡统筹发展的先决条件。土地作为农民生存的基本保障，做好土地利用的功能定位，促进土地资源优化配置，对于实现城乡统筹具有重要推动作用。

城乡统筹就是实现城市核心区和广大的农村地区一体化，城乡一体化是城市生产要素由集聚到扩散的过程，由于区域资源禀赋差异巨大、经济发展水平不同，所以不同区域生产要素扩散的途径也有很大的区别。城乡统筹的重点是土地利用统筹，即针对区域内部的用地差异，对次区域内部及其之间进行协调和统一谋划，以实现区域土地的可持续利用。要实现北京市郊区的城乡统筹，必须充分考虑区域社会经济、自然资源等差异，结合土地利用和产业布局调整，统筹安排各类、各区域用地的原则，围绕区域合理分工协作和协调发展的目标，与区域经济、产业和人口发展战略相适应。在统筹区域发展的要求下，因地制宜，科学选择切合自身实际的特色化的城乡统筹模式。土地整治是引导资金流向的有效手段，北京市郊区的城乡统筹就是要根据区域实际，结合近郊区、远郊区、山区的不同特点，利用市场机制、合作机制和调控机制等统筹安排各项规划，借助经济、政治、文化、法律和规划等手段开展综合治理，推进城乡统筹发展。

3.1.2 农业圈层结构理论

农业圈层结构理论由德国农业经济与农业地理学家屠能在1826年的《孤立国同农业和国民经济的关系》一书中首次提出。该理论不仅阐明了市场距离对于农业生产集约程度和土地利用类型（农业类型）的影响，并首次确立了土地利用方式（或农业类型）的区位存在着客观规律性和优势区位的相对性。根据该理论，空间距离造成的价格差决定了农业的地域分布模式，从而形成了以城市为中心向外呈同心圆状扩展的农业分布地带，土地的单位面积产量和收益由中心向外围逐渐递减，农业的集约化水平也由内向外降低。以城市为中心由内向外呈同心圆状的六个农业地带依次是：第一圈称为自由农业地带，生产易腐的蔬菜及鲜奶等食品；第二圈为林业带，为城市提供烧柴及木料；第三~五圈都是以生产谷物为主，但集约化程度逐渐降低的农耕带；第六圈为粗放畜牧业带，最外侧为未耕的荒野。这种圈层空间结构模式被誉为"屠能圈"。

辛克莱尔对美国中西部的许多大城市周围土地利用的研究表明，存在着与屠能圈规律相反的土地利用模式，称为"逆屠能圈"。这主要是因为大城市周围的农地随时可转化为城市用地，收益远高于农业农地，所以农民随时准备放弃农业用途，对耕地投入就少；而距离城市较远的地方，农地难以转化为城市用地，对农业的投入就较多，集约程度较高；现代交通技术及冷冻保鲜技术的进步，使农产品可以远距离运输，也对屠能圈起到了破坏作用（孔祥斌，2010）。

当前，北京的农业已经呈现圈层特征，即围绕北京中心城区，由近郊平原、远郊平原和远郊山区三个不同地带组成的圈层结构。第一层为近郊城乡交错的平原地带，是北京的蔬菜集中生产地区。但是，这一圈层的水土气污染严重，种植蔬菜难以保证绿色和安全；蔬菜生产对水资源的需求大，加剧了区域生产、生活用水的矛盾，化肥农药的大量施用造成地下水污染和土壤污染，设施农业的白色构筑物却与建设"宜居城市"所要求的景观环境不相符合。第二层为远郊平原农村带，一方面，是京郊粮食和畜产品的主产区，种植业以大田作物为主，利用层次较为粗放；另一方面，区域丰富的劳动力与农业生产条件优势却没有得到充分结合与发挥。第三层为远郊山区地带，是北京林果产品的主产区，同时起到生态环境屏障和水源涵养的作用。在城市向郊区扩散的过程中，受山区自然条件的限制，大量的居民点和独立工矿用地是在无规划可依的情况下发展起来的，给功能涵养区的土地利用带来了严重压力。北京业已形成的圈层农业是自然条件与经济社会发展相结合的历史阶段性产物，在本研究的整治规划中，充分考虑农业圈层理论，并结合区域实际，提出各个圈层相关的整治规划，以促进农业产业结构调整，实现人口和产业的合理布局，加快"宜居城市"建设。

3.1.3 比较优势理论

绝对优势理论和比较优势理论是解释国际贸易发生的两个基本理论。国际分工是国际贸易的基础，国际贸易理论与国际分工理论是密不可分的（赵春明，2007）。

比较优势理论最早在18世纪由英国古典经济学家亚当·斯密提出，后经英国的另一位古典经济学家大卫·李嘉图以及许多现代经济学家的发展和充实，已经从"绝对比较优势"和"相对比较优势"的古典经济学理论发展到了"资源配置"理论等现代经济学的范畴。亚当·斯密于1776年提出绝对比较优势理论，它的缺点是认为一个没有任何绝对优势产品的地区就不能从贸易中获益。大卫·李嘉图于1818年提出相对比较优势理论（比较成本论），即只要成本比率在各地区存在差异，各地区就能生产各自的比较优势产品，通过交换贸易增进利益。赫克歇尔与俄林于1933年提出了要素禀赋理论（资源配置理论），认为相对成本差异是由于区域间生产要素禀赋差异，即生产要素不同配比之间的效率差别造成的。这些比较优势理论被称作传统比较优势论。"绝对比较优势"和"相对比较优势"都有一个共同的局限性，就是只强调了劳动者的生产技术差异而没有涉及资本和土地，但生产是由劳动力、资本和土地三要素构成的，有些产品生产还需要大量的资本投入，这些产品被称为资本密集型产品；有些产品主要依靠手工操作，需要大量的劳动投入，即为劳动密集型产品。另外，各个地区的生产要素储备比例也各不相同，如有的国家资本实力雄厚，有的国家劳动力相对充足等。"要素禀赋"理论认为，产品的相对成本不仅可以由技术差异决定，也可以由要素比例和要素的稀缺程度决定，因此，劳动力相对充裕的地区，劳动密集型产品的生产成本相对较低，而资本相对密集的地区，生产资本密集型产品会更有利。比较优势隐含了这样的假设：只要从事具有相对比较优势产品的生产，自然就具备了产品的竞争优势。根据比较优势理论，在开展农业产业布局时，既要考虑资源优势，又要考虑社会经济优势，考虑劳动力的成本、土地外溢效应等。只有这样，才能使农业产业布局方案经得住实践的考验。

美国经济学家迈克·波特在1980—1990年提出了竞争优势理论：认为一个国家或地区的竞争优势就是企业、行业的竞争，竞争优势形成的关键在于能否使主导产业具有优势。20世纪90年代后波特把价值链理论与区位论结合起来，提出了产业集群的概念，即将经营同一种产业的一群公司在地理上集中在一起，就可以获得较大的竞争优势（赵华甫，2007）。比较优势是区域分工和国际贸易的基础，各地区应大力发展具有比较优势的产业，放弃没有优势的产业，从而提高资源配置的效益（姜开宏，2004）。坚持按"比较优势"和"市场需求"两个原则进行农业结构调整，是促使农业增效、农民增收和农村发展的必然选择（刘彦随，2003）。

土地整治过程中充分发挥土地利用的比较优势，这样可以提高土地资源的空间配置效率，实现区域土地利用总福利的最大化。土地资源的空间配置效率是指在土地资源有限的条件下资源向其利用效益最大的区域流动，以实现土地资源整体利用效益最大。具体地讲，就是在农地利用效益高的区域大力发展农产品生产，形成产业聚集的优势，并获取外部规模效应；而在非农建设用地效益高的区域，则在生态环境承载力允许的前提下，形成工业区和城市的连绵带。按照区域之间土地利用的比较优势来配置土地资源，可以在人地关系相对紧张的环境下，最大限度地协调经济发展与耕地保护的矛盾，获得"吃饭"和"建设"的"双赢"。

随着北京市建设现代化国际大都市和"宜居城市"步伐的加快，通过土地整治划分合理的土地利用分区，对不同区域的土地利用，按照区域之间土地利用的比较优势来配置土地资源，可以使各个区域获得比较利益，从而能够促进各区域功能定位的实现，从总体上提高区域的土地利用的总福利。在整治过程中依据比较优势配置有限的耕地资源，从而协调经济发展与耕地保护的矛盾，在资源利用方面扬长避短，以经济上的比较优势与周边地区的资源优势互补，适应北京市总体社会经济发展趋势，从而促进北京市经济社会的持续发展。

3.1.4 生态经济学理论

生态经济学是生态学和经济学相互融合而成的一门边缘科学。自20世纪以来，随着现代科技的运用，人类对大自然的干预能力和规模日益扩大，加之人类对自然规律认识的局限性，人类活动引起了严重的生态破坏和环境污染，人类受到了自然界频繁的报复，世界许多国家都面临着人口、粮食、能源、资源和环境等问题。这些问题既不是单纯的社会问题，也不是单纯的自然问题，而是社会经济和自然生态共同作用的复杂问题。

生态经济学理论是通过对生态系统中自然生产过程的解剖，研究生态系统中经济在生产的作用机理和运动规律，亦从复合成生态经济系统的各种因素（条件）的解析和对该系统的综合性研究出发，探索持续提高人类社会发展的途径。生态经济学就是研究生态经济复合系统的运行机制，从而寻求提高整个社会经济可持续发展原理和方法的科学。经济学是研究稀缺性条件下的选择问题，无论个人还是社会，人们对物品和劳务都有无限的需求。不幸的是，生产这些物品和劳务所需的资源——土地、劳动和资本是稀缺的，因而，人们必须选择要满足哪些需求，如何去满足。经济学提供了解释这些选择的工具。

（1）生态经济学在土地整治中的地位与作用

可持续土地利用把生产性、安全性、保护性、可行性和接受性这五个目标作为基本要求。其中的可行性是指经济上可行，如果某一土地利用方式在当前是可行的，那么这种土地利用一定有经济效益，否则肯定不能存在。自产业革命以来，人类利用大自然，或者说向大自然索取的能力有了极大的提高，人类创造财富的规模迅速扩大，然而人类活动对于地球的资源和环境的影响也大大高于过去。到了20世纪70年代，由于经济的发展和人类认识水平的提高，开始有人认识到传统的，不考虑资源和环境因素的发展战略的片面性和局限性,从哲学和生态学等角度对人与自然的关系进行反思,环境主义、传统"生态学"开始兴起。这种传统的"生态学",以及环境及其保护作为研究的出发点和归宿,是一种极端的资源保护型发展观,是一种高深度的"绿色经济",为消费最少资源而对经济活动加以控制,以缩小经济规模与人口为前提。显而易见,这种发展观以牺牲经济发展和人民生活水平的提高为代价来换取生态环境的平衡和保护,属于极端资源保护型发展观,不是科学发展观。科学发展观要注重代际公平,即当代人的发展要为子孙后代的发展留有余地和空间,不能以牺牲环境来换取经济发展;但是,刻意地去保护环境而不发展经济,当代人不能接受,同样没注重代际公平。所以,土地整治必须以生态经济学为指导,追求生态经济的效益最大化。

土地整治必须促进区域整体经济的发展。宏观经济学关注整个经济社会的行为,考虑诸如总产出、总就业以及总的价格水平的变化。因此,土地整治不能仅仅考虑小区域的土地利用效益,更重要的是能否促进大区域经济社会的发展。同时,在整治过程中必须要注重农民的利益,即无论是居民点整治,还是农地整理,都必须结合社会主义新农村建设,把提高农民收入作为重中之重,做到宏观与微观相结合。

(2) 生态经济学在土地整治中的应用

生态学是研究生物与环境间相互关系的科学。这里,生物包括动物、植物、微生物及人类本身,即不同的生物系统,而环境指生物生活中的无机因素、生物因素和人类社会共同构成的生物系统。由于生物是呈现等级组织存在的,由生物分子—基因—细胞—个体—种群—生态系统—景观直到生物圈。为了保持生态平衡,实现自然界中物质与能量的良性和持久循环,必须把土壤保护作为出发点和归宿。土地整治的根本宗旨是提高土地利用率和生产率,但必须要以可持续土地利用为前提,从生态学的观点来说,就是把追求环境美学方面的效益放在突出位置。

经济学在土地整治过程中的应用重点是经济效益分析，而经济效益分析是政府决策的重要依据。土地整治经济效益是一个极为复杂的问题，它包括综合效益和单项效益、直接效益和间接效益、整体效益和局部效益、近期效益和远景效益等。通过总投入和总产出预算，对土地整治规划和项目进行经济效益分析，为土地整治规划与项目可行性论证提供了重要的支撑。

土地供给是指自然界赋予人类社会生产和生活利用的土地数量和质量，分为自然供给和经济供给。土地自然供给是指土地以其自然固有的特性供给人类利用，其供给量不受人为因素和社会因素制约，具有固定不变的特点。土地的经济供给是指土地在自然供给与某些自然条件所许可的情况下，土地供给随着人类活动的影响和土地某种用途利益的提高而消长的现象。当前，北京市人地矛盾突出，未来经济社会发展进一步占用耕地不可避免。建设占用耕地，为了保障耕地的供需平衡，必须要增加其经济供应量；土地作为不可再生的最宝贵的资源，城镇建设不能光靠占用耕地来增加建设用地的经济供应量，通过农村土地整治，实施内部挖潜，盘活存量土地是增加城市建设用地经济供给量的重要途径。在城乡一体化背景下的都市郊区农村土地整治，无论是增加耕地的经济供给还是增加建设用地的经济供给，必须考虑这种供给的生态经济可行性。

3.1.5 景观生态学理论

景观生态学是用生态学的概念、理论和方法研究景观。景观生态学一词是由德国学者特罗尔于1939年在利用航空照片研究东非土地利用问题时提出来的。他认为，景观生态学的概念是由两种科学思想结合而产生出来的，一种是地理学的景观，另一种是生物学的生态。景观生态学不是一门新的科学或是科学的新分支，而是综合研究的特殊观点。与传统生态学研究相比，景观生态学明确强调空间异质性、等级结构和尺度在研究生态学格局和过程中的重要性以及人类活动对生态学系统的影响，尤其突出空间结构和生态过程在多个尺度上的相互作用。景观代表生态系统之上的一种尺度单元，并表示一个区域整体，景观生态学表示景观某一地段上生物群落与环境间主要的、综合的和因果关系的研究，这些研究可以通过明确的分布组合和各种大小不同等级的自然区划表示出来。

景观生态学理论当中，"缀块（Patch）—廊道（Corridor）—基质（Matrix）"生态范式是一般模式。缀块泛指与周围环境在外貌或性质上不同，但又具有一定内部均质性的空间部分。廊道是指景观中与相邻两边环境不同的线性或带状结构。基质是指景观中分布最广、连续性最大的背景结构。在对土地资源利用和调控过程中，引入景观生态学理论及方法是将土地资源作为一个人与自然紧密互动联系的巨系统的科学角度和思路。景观结构分析用以研究景观系统的生态过程与功能是景观生态学研究的基本思路。景观结构中的格局、异质性和尺度效应问题是景观结构研究领域中的重点。在镶嵌体、走廊和基质中的物质、能量和物种的分布方面，景观是异质的，并具有不同的结构。生态对象是景观单元间的连续运动或流动，而决定这些流动或景观单元间相互作用的是景观功能。土地利用与土地覆盖和景观是对同一事物在不同角度的描述，土地利用强调一定地域空间上有目的的人类活动，而覆被反映了人类活动在地表的产物。探讨在土地利用与土地覆被变化研究中以发展格局—过程关系为中心的生态空间理论，以人类活动有序化为中心的景观生态安全建设理论，以发挥景观多重价值为中心的景观规划管理理论，可以为土地综合整治规划提供景观生态学的理论支持。

(1) 景观生态学在土地整治中的地位与指导作用

土地整治不仅要考虑增加有效耕地面积，而且要考虑景观涉及和生态平衡。通过整治使村庄集中，田块平整、林网形成、路渠配套，既改变了地形地貌，又改变了土地结构和农田小气候，旱涝保收面积显著增加，景观生态环境得到了明显的改善。在目前的农地整理中，存在着过分追求高品位设计的现象，在田间大量铺筑水泥混凝土路面和沟渠，多一片水泥就少了一个生物栖息的场所。过多使用水泥混凝土无疑是对生态平衡的破

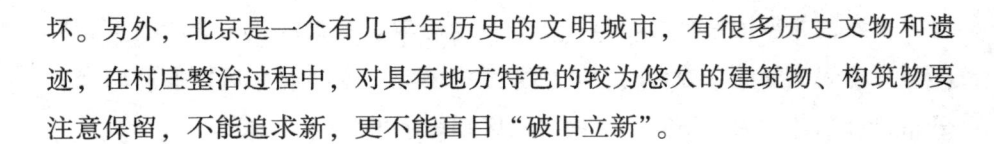

坏。另外，北京是一个有几千年历史的文明城市，有很多历史文物和遗迹，在村庄整治过程中，对具有地方特色的较为悠久的建筑物、构筑物要注意保留，不能追求新，更不能盲目"破旧立新"。

(2) 景观生态学在都市郊区农村土地整治过程中的应用

都市郊区土地整治过程不仅是增加土地利用率和生产率的过程，同时也是营造和维护都市农业景观的过程。农田的形成发展，一方面需要重新引入新的物种，满足人类物质和精神的需求，另一方面农田景观的形成将意味着景观生态过程的改变。不同农业景观的形成，意味着不同农作方式、不同管理措施和不同物流能流的存在和演变。目前，北京市正处于"宜居城市"及向现代农业景观转变的过程，而土地整治是加快这一进程的重要推动力，也就是说，农田整治是将细粒基质，即零星分布的不规则形状的耕作嵌块体整理成大面积的景观基质，在形态上将农田利用与城市景观建设相结合。

城郊景观是产业结构、人口结构和空间结构逐步从城市向农村特征过渡的地带，具有强烈的异质性，是典型的生态脆弱区。空间结构极不稳定，景观的镶嵌度很高。城郊景观围绕城市发展并与城市的发展密切相关。因此，城郊区域的土地整治，必须根据不同地域空间特点、城市人文特点以及当地民风民俗等，因地制宜确定整治模式。该区域的土地整治首先是落实城市规划内容；其次是营造都市农业景观，即对区域的农村居民点、水利设施和农业用地进行重点整理，既与城市发展相协调，又要满足当地农业生产的需要。同时，要注重营造田园风光的休闲农业景观，调节土地利用结构，根据城镇居民对农副产品的需求以及所在区域提供农副产品的可能性，来确定农副产品基地规模及其布局。通过居民点整治，推进基本农田的保护和建设，结合产业结构调整，发展特色农业、旅游农业和观光农业等，为人们提供假日休闲、观光、度假和娱乐等场所，使人们感觉到人与自然的和谐美。

3.1.6 系统论

在系统论的思想下开展农村土地综合整治研究，不仅有利于推进新农村建设与城乡统筹发展，而且是破解"保红线，保增长"矛盾的重要抓手，是适应城乡转型政策创新的根本途径之一。所谓系统，即相互联系诸要素的综合体，具有整体性、结构性、等级性、目的性和环境依存性等特点。系统论是关于系统的科学，它从系统的角度揭示了客观事物和现象之间的相互联系、相互作用的共同本质和内在规律。系统论将研究对象看成一个由许多因素有机结合而成的整体。该理论认定系统的性质和规律存在于全部要素的相互联系和相互作用之中，各组成成分孤立的特征和活动的简单加和都不能反映系统整体的面貌。它强调系统的动态性，要把系统作为一种不断运动和发展变化的客观实体去研究，从研究对象的整体性和全局进行考察，反对孤立研究其中任何部分及仅从个别方面思考和解决问题，重视系统和环境间的物质、能量和信息交换，强调系统和环境是相互联系、相互作用的，并且在一定条件下可以相互转化。

在人地系统中，自然环境本身是一个有机整体。自然界是一个自然组织系统，在不断提高其内部有序性的过程中获得整体的发展，自然界的减熵是自然界结构组织整体优化发展的内在依据。自人类从自然界分出来以后，自然界已成为人类的外环境，人类活动已成为影响自然联系的本质因素，自然环境的发生发展，毕竟还是受自然规律支配。从某种意义上讲，人类是环境的塑造者，在人地系统中居主导地位，尽管人类不可能从根本上改变自然系统，但他们的确具有干预地球上动力作用的能力。反过来，这一切又影响人类自身。要引导环境向有利于人类方向发展，趋利避害，就是符合自然界客观规律；反之，不按自然规律办事，破坏了地球维持生命的能力，终将受到自然的处罚。所以土地整治应有利于保护和提高土地生产能力，降低生产风险，使土地产出稳定，保护自然资源和防止土壤与水质退化，并且满足经济的繁荣和社会秩序的稳定。

土地生态系统及其组成部分以及与周围生态环境共同组成一个有机整体，其中任何一种因素的变化都会引起其他因素的相应变化，影响系统的整体功能。为此，人们在进行土地整治时，必须有一个整体观念、全局观念和系统观念，考虑到土地生态系统的内部和外部的各种相互关系，不能只考虑对土地利用，而忽视土地的开发、整治和利用对系统内其他要素和周围生态环境的不利影响。不能只考虑局部地区土地资源的充分利用，而忽视整个地区和范围的土地资源合理利用。土地本身是一个由自然、社会、经济和技术等要素组成的多重结构的生态经济系统，土地利用不仅是自然技术问题和社会经济问题，而且是一个资源合理利用和环境保护的生态经济问题，客观上受到自然、经济和生态规律的制约。比如城乡增减挂钩，不仅涉及农村建设用地与城市用地系统之间的转换，而且也是土地权属调整的过程，如何很好地解决这一问题是调动各方面积极性，使土地整治工作顺利开展的关键之一。权属调整的顺利进行，对促进土地整治事业的健康发展，保持农村社会的稳定，维护广大农民的合法权益具有重要的意义；土地整治有利于地方经济发展，突破制约各地加快发展的土地瓶颈，有效地推进地方城市化，但是土地整治也是利益重新分配的过程，在农地整治中，不仅是从地块的规格、规模和平整度上提出要求，而是强调以地块为主体，带动田、水、路、林的综合整治，如何优化农业用水、城市用水等各类资源的空间配置就显得异常重要。在建设用地整治中，不仅涉及把整理复垦后形成的建设用地置换指标用于城乡建设用地增减挂钩，有偿调剂到本行政区域内城镇使用，还要考虑保证农民宅基地、农村基础设施和公共服务设施建设，并为当地农村集体经济发展留足空间，作为城市反哺农村的重要手段，必然涉及大规模的资金流动，如何进行财政转移支付，必须有相关的政策配套跟进；土地整治是在对整治区域的土地进行合理规划的基础上进行的，土地整治不仅是土地利用规划的重要内容，而且也是完善、落实土地利用规划的重要措施与手段。所以，农村土地综合整治规划的编制必须符合村庄建设规划并与土地利用总体规划相衔接，不

第 3 章　国土空间整治的理论基础及其时代功能

然就会使土地综合整治成效不大，效率不高，科学性不够，甚至做无用功，劳民伤财。

系统学理论从系统角度揭示了客观事物和现象之间的共同本质和内在规律性，对土地综合整治工作的开展具有重要的现实指导意义。系统论的关键不在于系统本身，而在于把事物放到更大的系统中去整体把握的思想方法。系统论的概念及其基本特征为我们揭示了一个系统的基本轮廓以及其维持自身存在的基本要求，它可以指导我们从理论上较为系统地分析农村土地综合整治的理论框架，从系统和要素之间、要素和要素之间、系统与外部环境之间的相互联系与相互作用中考察农村土地综合整治，遵循系统整体性，从系统的角度全面整合区域未利用、农用地及村庄建设用地的动态发展要求，可为深入开展农村土地综合整治战略规划提供理论基石。

3.2　国土空间整治与城市功能更新

3.2.1　国土空间整治与城市经济功能提升

城市经济功能的提升是城市更新最重要的动力，并通过产业结构的调整实现。产业结构的发展具有一定规律性，在工业化发展的不同阶段，呈现出不同产业发展的高度化趋势。

城市产业的布局与城市的用地布局又有密切联系，产业布局的调整必然导致城市用地结构的重整，从而产生用地置换。从城市的发展规律来看，产业布局的调整方向直接决定用地置换方向，城市用地置换表现出与城市产业布局调整相一致的特征。一般而言，表现为污染型工业用地、粗放型工业用地、不适应城市发展的其他用地向更为集约化的利用方式演变，如被更替为商业、信息、办公和居住用地等。土地整治作为调整城市用地空间结构，改造低效用地的重要抓手，在促进城市经济功能提升方面，能够发挥其独特作用。

3.2.2 国土空间整治与城市社会功能的提升

随着人类社会的不断发展，在追求各种经济指标的同时，人们越来越关注生活质量的提高，城市社会功能的地位逐渐突出。而社会功能中的生活居住功能、基础设施功能与城市更新的关系密切。

生活居住功能指城市为居民创造安全的居住空间、优美的社区环境、健全的生活设施、和谐的社区关系等。从西方国家城市更新的发展进程来看，不管是"形体决定论"主导的物质更新还是之后兴起的内城更新、社区发展、邻里保护等，都与城市生活居住功能的提升有关。城市物质形态的老化，直接降低居住空间的硬环境水平，而城市经济的衰退可能导致贫困的集聚，社区常常成为城市问题的聚焦点，造成居住空间软环境的退化。因此，当前我们一方面通过扩大居住面积、美化社区环境、提高建筑质量来改善居住硬环境；另一方面也在城市更新进程中对社区发展问题给予更多的思考。如何通过城市更新改善居住空间的物质条件，同时又较好地延续原有的社区网络和场所精神，保持社会结构的稳定，化解可能出现的矛盾与冲突，成为当前城市更新在提升城市社会功能上面临的主要问题。

城市基础设施是城市为顺利进行各种经济活动和其他社会活动而建立的各类机构和设施。城市的发展是一个新陈代谢的过程，必然进入由新生至衰落，到再次重生的循环。一个建成几十年的城区，在繁荣过后，也许将面对基础设施滞后带来的阵痛，城市的血脉走向老化，再也不能高效地支撑永不停息的各种流动。因此，基础设施提升是城市更新的一个重要原因。作为土地整治的重要对象，老城改造是完善旧城区基础设施的基础平台，通过对城市的再开发实现生活居住功能与基础设施功能的协调发展。

3.2.3 国土空间整治与城市文化的功能提升

在全球化的进程中，文化已开始在城市发展中扮演着中心角色的作用。一方面，文化是城市的本质和灵魂所在，是对当地地理、气候和民族等因素的回应，具有时间的延续性和持久性；另一方面，由于全球化带来的全球产业布局调整，使西方发达国家面临因工业衰退而带来的城市中心区衰退，在经济重建和城市更新过程中，文化成为"引诱资本之物"。许多城市通过改善城市面貌来积极地吸引投资和人才，同时文化的经济潜力使许多城市纷纷加大了对文化产业发展的重视。

文化功能的提升在城市更新层面表现为对历史文化保护的重视。已有的历史文化积淀是文化中心构建的重要基础。历史文化遗产的保护、历史文脉的延续、历史文化底蕴的挖掘有利于形成城市特色，摒弃大规模推广和复制的现代工业生产模式给城市面貌带来的重复性，减少文化的快餐式消费对城市文化的灾难性洗劫。

3.2.4 国土空间整治与城市生态功能的提升

生态产业功能的提升要求加快旧城区粗放型、污染型企业向外迁移，发展无污染的都市型产业，减少生产活动对旧城区生态系统的破坏。20世纪，工业化作为城市化的主要动因，一方面加快了城市化进程，另一方面也造成环境破坏的隐患，工业与居住混合使居住环境的优化难以实施，传统工业盘踞中心城区，造成环境品质的下降。

生态环境功能的提升要求在城市更新中加强城市绿化建设，促进空气与水环境的改善，创造良好的人居环境。由于生态意识的缺失，旧城区在先前的规划建设中常常忽视绿地系统建设；生产功能的重要地位导致生产与生活的高度聚集，一方面出现生产活动的粗放形式，另一方面是绿地面积的严重缺失。因此，城市更新时要合理划定绿化用地，科学安排绿化布局，充分利用原有的人文和自然条件，调整与优化城市用地结构、提高城市土地利用率、扩大绿地比例，不断增加绿地面积，恢复城市的生态环境功能。

国土空间整治条件篇

第 4 章

北京农村发展的态势及特征

农业和农村可持续发展是世界性的重大论题（蔡云龙，1999）。改革开放以来，北京经济持续高速发展，工业化进程稳步推进，实现了经济社会发展的巨大跨越，同时也深刻改变着广大农村地区，农业的功能与经营模式也呈现多元化。但作为世界性的大都市，北京市域内部城乡差距依然很大。统计表明，1978—2008 年，城乡居民收入比由 1.6∶1 扩大到 2.57∶1，并呈继续拉大态势。目前，北京市农业生产的综合成本较周边平均水平偏高，大宗性农产品在国内外市场的竞争力不强，农业生产滑坡甚至严重萎缩，耕地抛荒现象严重，农民收入缺乏增长动力。

破解"三农"问题是全面建设小康社会的关键，是统筹城乡协调发展、建设和谐社会的根本要求（张富刚，2009）。胡鞍钢（2004）、胡乃武（2004）、王梦奎（2004）等学者认为统筹区域发展应该在承认区域内部发展不平衡的基础上，充分发挥各区域的优势，开展区域分工协作而共同发展，并实现区域的协调和可持续发展。2010 年中央一号文件明确提出，要有序开展农村土地整治（郧文聚，2010）。做好农村土地的综合整治，对于促进土地资源优化配置，实现城乡统筹具有重要的推动作用。比较优势是区域分工和国际贸易的基础，各地区应大力发展具有比较优势的产业，放弃没有优势的产业，从而提高资源配置的效益（姜开宏，2004）。蔡昉（2002）、陈江龙（2004）、罗其友（2002）、顾湘（2009）、李应中（2003）等众多学者利用比较优势原理对农地非农化效率、土地利用、产业结构调整等方面做了探讨。坚持按"比较优势"和"市场需求"两个原则，进行农业结构调整，是促使农业增效、农民增收和农村发展的必然选择（刘彦随，2003）。

改革开放以前，我国的农业生产依赖于特定的社会背景，片面强调"以粮为纲"的政策，破坏了各部门之间的相互配合和协调发展，使地区比较优势未能得到发挥，严重地影响了农业的多种经营和综合发展。改革开放以后，我国大体经历了五次较大的农业结构调整（翟荣新，2009）：初期以粮食生产为主，同时积极发展多种经营；1985年实施大幅度调减粮食和棉花播种面积，并大力发展蔬菜和瓜果类等经济作物的政策；1992年提出的发展高产优质高效的农业，使农业的专业化、商品化和现代化水平进一步提高；1998年开始调整种植业内部结构及农牧结构，此后几年间畜牧业呈现较快增长；2004年全面取消农业税，并对粮食种植实行直接补贴，使粮食生产连年下滑的局面得到逐步扭转。而近年来，随着城镇化进程的加快，粮食生产面临的资源约束又日益凸显。北京市的农业结构调整基本上经历了上述阶段，但大都市郊区农业作为我国农业中的一种特殊类型，其区位、市场和资金等相对优势明显，城市化对农村辐射能力强，故其农业发展态势有其典型的特点。

4.1 农业产值和从业人员的变化情况

区域经济结构与劳动就业结构的变化可以反映区域经济发展程度，以工业化为特征的城市化水平的提高，是社会经济发展的客观规律。该规律大体上是：第一产业产值和社会就业在国民经济中的绝对份额显著下降，第二产业产值和社会就业份额显著上升然后再缓慢下降，继而是第三产业产值和就业份额缓慢上升至占绝对比重的过程（孙新章，2004）。

改革开放以来，家庭联产承包责任制的实施，为农业发展注入了强大的动力，随着一系列农业调控政策的出台，北京市农村各产业及农业内部各部门的比重在不断调整和变化，调整的基本态势就是将生产和经济等资源转移到经济效益更好的产业或部门。农业结构调整在遵循市场化取向的同时，广大农户理性地选择了比较效益较优的生产经营范围，全市农业产值以年均 10.52% 的速度增长。就农业产值在国民经济中的比重而言，40 年间虽然略有波动，但一直低于 10% 的份额，2002 年之后所占比重一直低于 2%，并处于相对稳定状态（见图 4-1）。

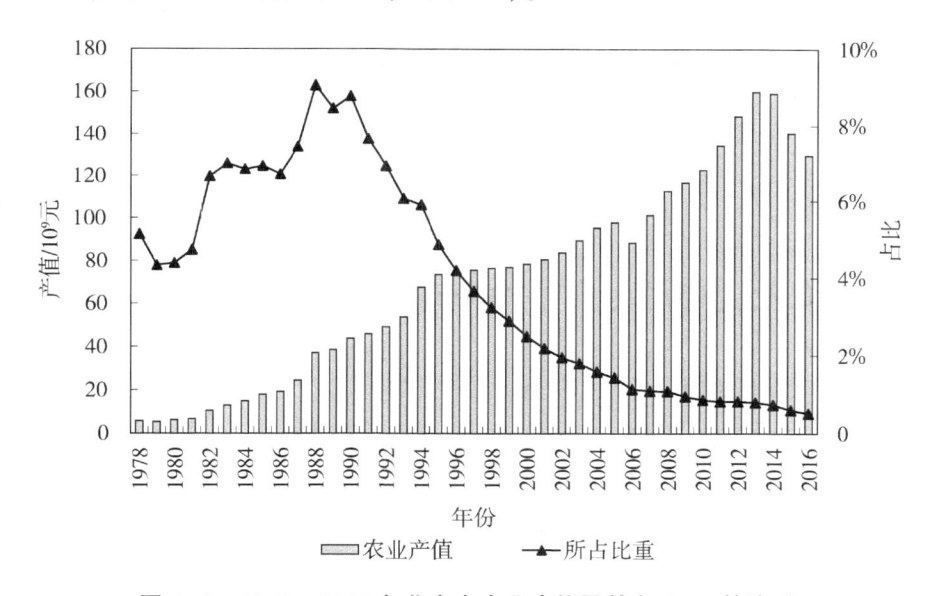

图 4-1　1978—2016 年北京市农业产值及其占 GDP 的比重

随着区域经济的发展，大量的非农就业岗位不断被创造出来，劳动力在第一产业的分配逐渐减少；第二产业中的从业人员在改革开放后持续增加，并在 1985—1988 年间占据最高比重，之后逐步下降；第三产业的从业人员则一直保持持续增加的势头，一、二、三产业从业人员比例由 1978 年的 28.3∶40.1∶31.6 变为 2016 年的 4.1∶15.8∶80.1（见图 4-2）。从业人员变动的态势反映了区域经济结构的变动特征，即北京市已经完全进入后工业化阶段。

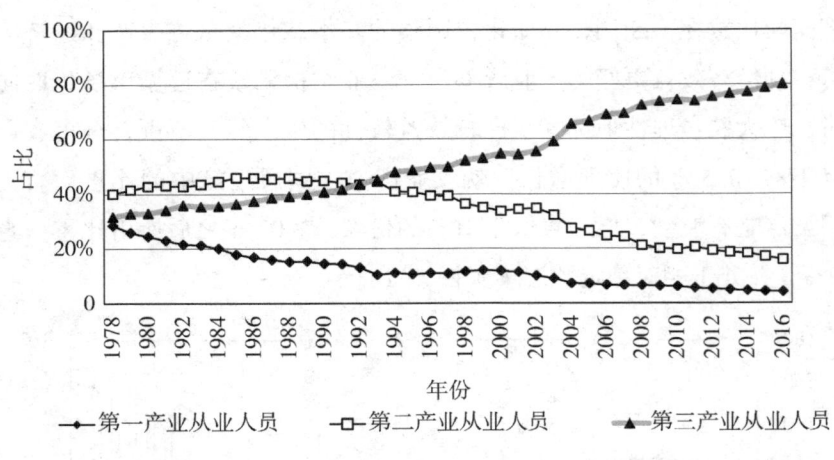

图 4-2　1978—2016 年北京市从业人员结构

4.2　农业内部的生产结构变动特征

由于受到区域资源条件和功能定位的制约，北京市的渔业和林业一直维持很低的比重。1978—2016 年北京市的渔业、林业总产值分别从 $0.01×10^9$ 元、$0.2×10^9$ 元增至 2016 年的 $92×10^9$ 元和 $52.2×10^9$ 元，但在近 40 年间两者产值所占的比重均在 2%～5% 间浮动（见图 4-3）。随着人们物质需求层次的提升，牧业呈现快速发展的势头，种植业产值占比下降幅度较大，但种植业仍是农业的基础。在国家农业政策与粮食安全目标的引导下，北京市农业发展逐步走向综合化、高效化。

由于城市化的快速推进，农用地资源建设占用严重，加之农业生产比较利益低下，城郊大量优质耕地快速减少，使区域农作物播种面积从 1978 年的 $69.1×10^4 hm^2$，锐减至 2016 年的 $15.1×10^4 hm^2$（见图 4-4）。粮食作物和蔬菜是北京市最主要的种植结构，该两项播种面积之和基本维持在总播种面积的 90% 以上，虽然北京市种植业内部的结构调整一直在持续进行，但是棉花、油料、瓜类和饲料的播种面积很少超过总播种面积的 3%。受耕地总面积的限制，蔬菜播种面积的增加总会引起农作物播种面积的减少，如 1998 年的产业结构调整，使蔬菜播种面积所占的比重由 16.82% 增至 2003 年的 35.88%，而相应地，粮食作物的播种面积所占的比重由 77.95% 降至 2003 年的 46.84%。2004 年粮食种植实行直接补贴后，2016 年粮食作物播种面积已回升到总播种面积的 57.62%，而蔬菜播种面积降至总播种面积的 37.23%。

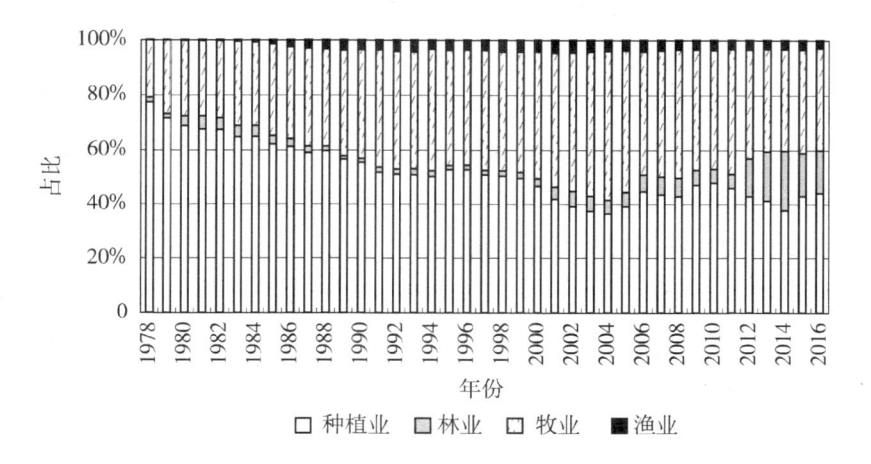

图 4-3 1978—2016 年北京市种植业、林业、牧业、渔业产值占比

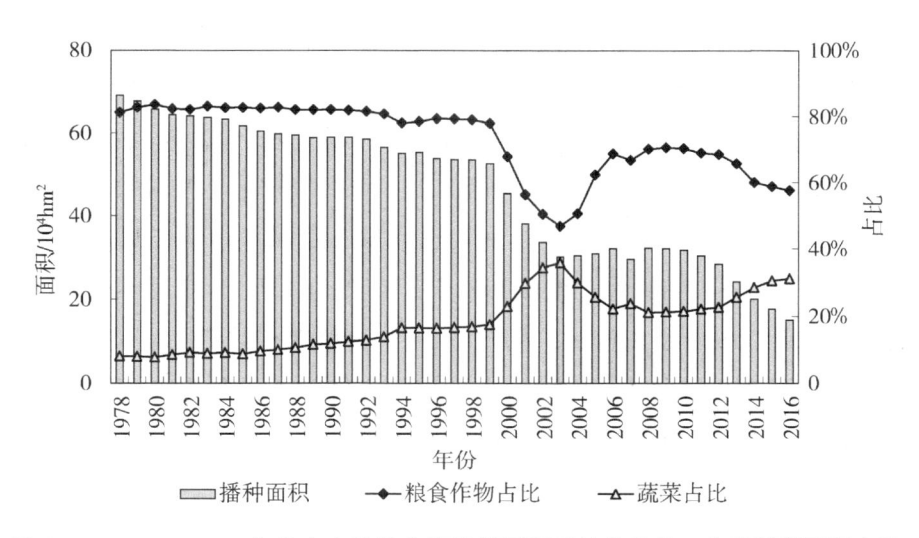

图 4-4 1978—2016 年北京市种植业播种总面积及粮食作物、蔬菜种植面积占比

4.3 农民的收入变化情况分析

随着产业结构调整和宏观经济形式的变化，北京市农民的收入水平不断提高。1984年人民公社制度被彻底废除，相应地，社队企业变为乡镇企业，加上农业产业结构调整和国家对私人企业限制的放宽，一部分农民开始兴办企业，从事工业、运输、建筑和商业等经济活动（刘洪银，2010），农村劳动力就业结构已由单一劳动力就业结构转为多元化就业结构。

1978年全市农民的人均纯收入为224.8元，到2016年增加到22310元，但农民实际收入的变化除名义收入的变化外还受到通货膨胀和相关价格指数的影响，因此，需要从收入结构的变化来反映农民收入的综合情况。从1987年起北京市将集体经营收入和家庭经营收入分开核算，农民收入来源统计分为三个部分：工资性收入、家庭经营收入、转移性和财产收入，家庭经营收入又分为第一产业收入、第二产业收入和第三产业收入。

1988年以来北京市农民的工资性收入以年均14.2%的速度增加，在1998年工资性收入比重达到最高点68.63%，随后一直稳定在60%左右（见图4-5）；人均纯收入中来自第一产业的收入呈现出有波动的增加，到2016年时仅为484元，其所占比重的最高年份是1993年，为29.62%，随着其他收入来源的增加，其比重降至2016年的2.16%；人均纯收入中来源于二、三产业的收入在1988年所占比重最高，为22.36%，随后虽然其总量在增加，但其所占比重一直在10%左右波动；由于北京市整体的转移支付能力较强，1988年在总量不大的情况下，转移性和财产收入所占比例为14.24%，随着农民收入的增加，农民能更多地投资于股票市场和债券市场，转移性和财产收入在人均收入中的比例也在持续上升。

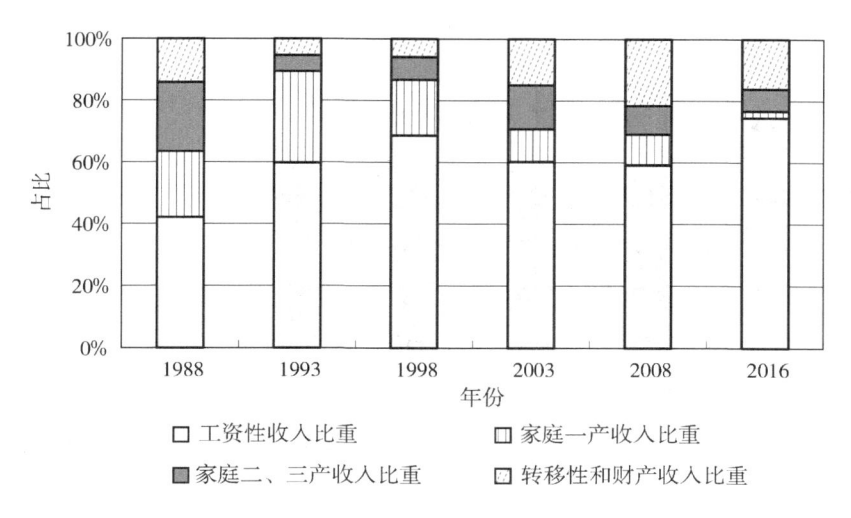

第4章 北京农村发展的态势及特征

图 4-5　1988—2016 年北京农民人均收入构成变化

另外，在农产品供给短缺的情况下，农业增产就意味着农民增收，受农民收入来源多样化的影响，这种情况有了很大的不同。从表 4-1 可以看出，虽然农业产值增长对农民收入增加有影响，但其敏感程度一直在低位徘徊。其中，1988—1998 年以市场为导向、以质量和效益为中心的农业产业结构调整，对农民农业收入提升有较显著的影响，但受耕地面积的持续减少和边际生产力递减的影响，相应的增长幅度均在放缓，过分偏重总量增长的发展模式对农民收入的影响越来越有限。

表 4-1　北京地区农民农业收入增长对农业产值增长的平均弹性

年份	纯收入年均增长率	农业生产总值平均增长率	弹性值
1978—1988	4.73	6.63	0.71
1988—1998	3.79	2.07	1.83
1998—2008	2.67	1.47	1.82
2008—2016	2.08	1.15	1.81

注：平均弹性值为一定时期内农民来源于农业的纯收入年均增长率除以农业生产总值平均增长率。

4.4 农业生产综合比较优势的变化

在市场经济条件下,土地在不同产业间的配置要服从于效率标准,只要不同地区的用地效率存在差异,就存在着比较优势,就有存在着土地利用效率提升的内在动力。农业生产的综合比较优势度取决于自然资源禀赋、市场需求与环境支撑能力等方面的综合影响。

农业生产比较优势综合评价是按照比较优势理论,从资源禀赋水平、生产效率和比较效益等方面选取评价指标,反映各区县农业发展潜力的主导要素与全市同类指标进行比较和评价后确定的综合比较优势,从而为寻求区域最佳的农业结构调整方案提供参考。

运用层次分析法和特尔菲法确定评价指标体系及其指标权重(W_i)(见表4-2)。结合数据资料的可得性,评价指标体系选取人均耕地面积(B_1)和农村劳动力占农村人口的比重(B_2)两项指标考察各区县农业资源禀赋优势的情况;在生产效率方面,选择农业劳动生产率(B_3)=农业生产总值/农业从业人员和第一产业用地效率(B_4)=农业总产值/农用地面积,计算各区县的效率差异情况;选择农业生产总值占GDP的比重(B_5)和第一产业用地的地均产值/全区地均GDP(B_6),分析评价各区县内的农业生产与其他产业优势对比情况。

表4-2 农业生产综合比较优势评价指标体系

目标	因素	指标	权重值(W_i)
农业生产比较优势	资源禀赋(A_1)	人均耕地面积(B_1)	0.194
		农业劳动力占农村人口的比重(B_2)	0.164
	生产效率(A_2)	农业劳动生产率(B_3)	0.157
		第一产业用地效率(B_4)	0.220
	农业比较利益(A_3)	农业生产总值占GDP的比重(B_5)	0.145
		第一产业用地的地均产值/全区地均GDP(B_6)	0.120

区位熵是空间分析用来计量所考察的多种对象相对分布的方法，当以更高层次的空间系统为参照系时，就能够比较好地反映区域不同产业的比较优势。对各区县的原始指标值（B_{ij}）与全市同类指标值（B_{io}）进行比较转换，获取各评价指标的比较优势熵（Q_{ij}）。

$$Q_{ij} = B_{ij}/B_{io} \tag{4-1}$$

式中，Q_{ij} 为 j 区县第 i 项评价指标的比较优势熵；B_{ij} 为 j 区县第 i 项评价指标的实际值；B_{io} 为第 i 项评价指标在上一层次即全北京市的实际值。

$$G_{ij} = \frac{Q_{ij} - Q_{i\min}}{Q_{i\max} - Q_{i\min}} \tag{4-2}$$

式中，G_{ij} 为第 j 区县第 i 个评价指标标准化处理后的比较优势熵；Q_{ij} 为第 j 区县第 i 项评价指标的比较优势熵；$Q_{i\min}$ 为全部区县第 i 项指标的最小区位熵；$Q_{i\max}$ 为全部区县第 i 项指标的最大区位熵。

$$T_j = \sum_{i=1}^{n} W_i G_{ij} \tag{4-3}$$

式中，T_j 为第 j 区的农业生产综合比较优势指数，n 为评价因子数；W_i 为第 i 个评价因子的权重；G_{ij} 为第 j 区第 i 个评价指标标准化处理后的比较优势熵。

比较优势是动态的、变化的，不是永恒的（杨帆，2002）。分析不同时期农业生产的综合比较优势可以了解区域农业比较优势变动的整体特征。从表4-3可以看出，北京市农业生产的综合比较优势伴随着产业结构调整和社会经济结构的剧烈变化，整体上其重心向顺义、通州、大兴、房山、延庆和平谷的等外围空间转移。

表 4-3 1985—2015 年各区县农业生产综合比较优势分值表

区县	1985 年	1995 年	2005 年	2015 年
朝阳	0.15	0.30	0.18	0.12
丰台	0.66	0.32	0.07	0.05
石景山	0.53	0.42	0.00	0.00
海淀	0.37	0.27	0.17	0.11
昌平	0.26	0.46	0.24	0.20
顺义	0.54	0.35	0.56	0.52
通州	0.26	0.49	0.44	0.36
大兴	0.49	0.25	0.52	0.55
门头沟	0.27	0.17	0.38	0.42
房山	0.08	0.29	0.36	0.44
平谷	0.24	0.69	0.65	0.70
怀柔	0.37	0.33	0.45	0.46
密云	0.45	0.41	0.61	0.65
延庆	0.33	0.47	0.58	0.68

在产业结构调整的初期，自然资源供给因素居于主导地位，蔬菜、瓜果等作物在具有明显区位优势的城市近郊迅速发展，使丰台、石景山和海淀等区县的农业生产综合比较优势显得较为突出，但由于城市建成区的快速扩张，近郊农业资源非农化流转迅速，由农业结构调整带来的区域比较优势逐渐被淡化，如石景山区在 2004 年以后完全退出了农业生产；比较优势还随着工业化和农业劳动力转移，人均占有资源数量变化而变化，顺义、大兴、密云、怀柔等区县的农业生产基础比较好，农业资源条件一直占据较为显著的优势，所以其整体的农业生产一直具有相对突出的比较优势。随着市场经济的发展，市场因素的地位在上升，如在 20 世纪 90 年代中期的产业结构调整中，传统农业区县的大宗农产品的品种与品质结构不能适应市场化的要求，故其农业生产综合比较优势有所下降，而通州、昌

平则在该轮的产业结构调整中呈现较为明显的效果；进入21世纪后，人们对生产农产品的环境质量提出了严格的要求，获得性禀赋如劳动者的技术水平、资金的累积程度，在农业生产比较优势中的地位逐步提高，平谷、延庆和密云由于其优越的生产条件，以特色水果为代表的林果业在该区域形成，而以大兴、顺义为代表的远郊平原区县在设施农业等方面调整步伐较大，所以也具有比较明显的农业生产比较优势。

以上结论只反映了区县间农业生产综合比较优势的整体情况，但由于各区县之间农业条件的差异性，即使区县整体上比较优势不明显，但由于受区位条件或资源条件影响，在某些部门或生产品种上会具有特定的比较优势。

4.5 小结

（1）作为我国工业化与城镇化的高度聚集发展区和经济核心增长极，大都市郊区农业发展问题具有一定的典型性和代表性。改革开放以来，北京市的农业生产经历了巨大变化，农村各产业及农业内部各部门的比重在不断调整和变化，生产、经济等资源逐步被调整到经济效益更好的部门中；由于受到区域资源条件和功能定位的制约，北京市的渔业和林业一直维持很低的比重，虽然种植业内部的结构调整一直在持续，但粮食和蔬菜作物一直占据主体地位；受北京市农民收入来源多元化的影响，来自第一产业的收入对农民收入增加有影响，但其敏感程度一直在低位徘徊；随着产业结构的调整和社会经济结构的变化，农业生产综合比较优势的重心向外围空间转移；当前，北京市农业的生产功能有所下降，但农业的生态服务功能和景观文化等功能将更进一步显现，并成为城市健康发展必不可少的组成部分。

（2）大都市地区要率先实现现代化，农业现代化必须率先推进。结合北京郊区不同圈层农业的生产要素禀赋，在遵循比较优势原则的基础上配置资源，因地制宜，提出了不同区域的土地政治策略，以促进北京市都市型现代农业的发展。现阶段，北京对农业的要求更主要的是其生态服务功能和景观文化功能，对"宜居城市"建设发挥作用。因此，农地作为生态服务功能用地而丧失发展的机会成本必须由全社会承担，以尽量规避由于土地的用途转换而带来的社会价值损失。为此，城市反哺农村机制建设、土地流转制度创新等方面均需要有所突破。

第 5 章 ▶

北京市生态用地空间的演变与布局引导

在快速城镇化的背景下，受城市向外扩张及郊区城市化作用共同推动，城市郊区大量的农地被非农化利用（李晓文，2003；朱振国，2003；王玉洁，2006），使城市农业及生态空间被侵占和割裂，土地生态环境日益恶化，区域的可持续发展受到严重挑战。土地作为城市的自然载体，是城市生态安全的核心组成要素，而由城市用地扩展引起的生态环境变化也是生态安全研究的重点（龚建周，2009；张林波，2008；张健，2008；郭斌，2009）。众多学者使用多种方法，运用景观生态学、城市生态学和地理学等学科，对城市用地空间扩展过程中生态环境变化及城市用地空间扩展对城市生态安全的响应进行了卓有成效的探讨（唐秀美，2007；Watt，1947；Wiens，1993；白露，2003；张浩，2007；杨杨，2007；Kullenberg，2002；Calow，2000；关小克，2008）。

由于城市化对城市地域范围内生态系统的结构、功能的改变大多是不可逆转的类型（Matthew，2002；Philippe，2006；龚建周，2006），并具有一定的空间异质特征，这些空间分异与人类活动、经济建设等的空间地域特点一起，决定了城市生态安全的空间格局。北京作为我国高度城市化区域的典型代表，历史上有着扎实的农业基础和良好的环境质量，但是建成区"摊大饼"式的大规模扩张对原有的自然生态空间造成了较大的冲击，导致城市空间结构不尽合理、优质农业土壤快速退化、水资源严重短缺、景观破碎化趋势明显、绿色空间体系没有形成等一系列问题的出现，扩张型的增长模式已经难以维系。在此背景下，北京市依据发展中承载的不同功能，制定了首都功能核心区（东城区、西城区）、城市功能拓展区（石景山、海淀、丰台、朝阳）、城市发展区（通州、顺义、大兴、昌平、房山）和生态涵养区（门头沟、平谷、怀柔、密云、延庆）等城市功能区，并划定限制建设区，保护森林、河湖和湿地等生态敏感地区，积极进行绿化隔离地区、森林公园、生态廊道和城市公共绿地等生态环境建设，具有生态保护倾向的新的用地形式逐步出现在城市、农林与环保规划和政府批文中。但是北京市的资源环境问题依然突出，良性生态系统尚未形成，生态治理任务非常繁重。如何根据区域的自然、经济和社会特征，明确生态用地的范围和内涵，合理布局和保护生态用地空间，以获取较高的空间资源配置效率，促进经济社会与生态环境协调发展，显得十分迫切和必要。

因此，以北京市为例，试图从复杂的土地利用/土地覆盖变化中分离出生态性用地空间的变化特征，在有针对性地定量研究生态用地变化过程及其特征的基础上，应用生态安全格局理论和方法，以优化城市空间结构，降低生态风险，推进宜居城市建设为目标，在生态用地空间重要性评价的基础上，提出区域和城市生态安全格局的空间布局模式，可丰富城市生态安全研究内容，也可为快速城市化地区生态环境的可持续利用提供科学依据。

5.1 研究思路和研究方法

生态空间对于维护区域生态环境健康具有重要作用，作为实体的地域空间，在现有的土地管理体系中，并未给出明确的定义。众多学者从不同的角度对生态用地空间的概念给予相应的解释（谢高地，2006；郭荣朝，2007；陈婧，2005），自然保护区和生态公益林等作为生态用地空间，已得到学者们的公认，而 Costanza（1997）认为城市扩张所占用的森林、农田、草地、湿地和水域等非人类建设用地发挥着重要的生态服务功能。参照相关研究对生态用地的界定，本研究认为凡是具有生态服务功能、对于生态系统和生物生境保护具有重要作用的地区、地表无人工铺装、具有透水性的地面都可作为生态空间的范畴，包括农田、林地、草地、水域和沼泽等。本研究中对生态空间概念的界定是由土地资源的稀缺性和不可替代性决定的，是在工业化和城市化快速发展阶段对区域环境保护认识的深化，是应对日益严峻的城市生态环境的一种响应。

参照全国过渡时期土地分类体系，基于区域特点和研究对比的需要，在 ArcGIS10.2 的支持下，将 2001 年、2011 年两期土地利用数据中的耕地、园地、林地、牧草地、水利设施用地、未利用土地和其他土地等七个二级地类提出，综合归并为绿色生态空间用地（耕地、园地、林地、牧草地、其他农用地）、蓝色生态空间用地（水库水面、河流水面、湖泊水面、养殖水面、苇地、滩涂、坑塘水面）、未利用生态空间用地（未利用土地）。通过对两期数据的对比，剖析生态用地空间的演变规律，在此基础上，以 2011 年土地利用现状为基础，根据对生态用地所处的空间位置及所具有的一些服务功能，选取有代表性的指标因子组成模型的指标体系，通过对指标数据的叠加分析和计算，实现对城市生态用地空间的定量化表达，为生态用地空间的优化布局和引导提供科学参考。

5.2 生态用地演变的定量分析

5.2.1 生态用地空间的规模结构变化

北京市城市生态用地空间由 2001 年的 13725.37km² 减少至 13431.04km²，可见城市空间扩展导致生态空间在逐步收缩。从生态空间构成来看，绿色空间由 11084.93km² 增加至 12117.8km²，绿色空间中耕地与草地的面积均呈现下降趋势，园地和林地面积出现较大幅度的增加；由于用水需求量的不断增长，在地表水资源日益减少而再生水资源尚没有得到充分利用的情况下，地下水被严重超采，城市硬化的地表阻碍了地下水回补，加上农田围垦，导致河湖库塘、滩涂等具有较大生态服务功能价值的蓝色空间规模由785.31km²迅速下降至541.30km²，河道渠化、固化也在一定程度上加剧了水环境的恶化，降低了水质净化和提供生境等多方面的生态功能；随着区域土地利用强度的增大，逐步加大了对未利用土地的开发利用，未利用地生态空间由2001年的1855.13km²减少至2011年771.94km²。

考虑到区域实际情况，仅研究功能拓展区、发展新区和生态涵养区的生态用地面积的变化情况，结果表明随着城市化进程的推进，北京市生态用地空间在不同城市功能区表现出明显的区域差异。就绿色空间而言，与2001年相比，2011年三个区域的耕地面积都出现了下降，而林地面积均呈现出增加的势头；蓝色空间在三个功能区均呈现出大幅下降，在功能拓展区、发展新区和生态涵养区的降幅分别为26.04%、28.14%和34.33%；未利用空间主要分布在生态涵养区，随着开发强度的增加，未利用空间规模迅速减小，2011年的规模仅为2001年的28.07%，见表5-1。

表5-1　2001—2011年北京市域生态用地空间规模变化

（单位：km²）

项目	功能拓展区		发展新区		生态涵养区	
	2001年	2011年	2001年	2011年	2001年	2011年
绿色空间	486.54	403.87	4004.75	4112.79	6593.64	7601.14
蓝色空间	62.48	46.21	329.48	236.76	393.35	258.33
未利用地空间	29.91	11.59	599.80	416.35	1225.42	344.00
生态用地总规模	578.93	461.67	4934.03	4765.90	8212.41	8203.47

5.2.2 生态用地空间的景观结构变化

将2001年、2011年提取的生态用地以20m×20m做栅格化处理，分析北京市域内生态用地空间的演变特征。由于城市化、土地开垦等多种人类活动的逐步加剧，直接导致生态用地空间的改变，而这种现象在城市近郊区尤为明显。2001—2011年功能拓展区、发展新区及生态涵养区的斑块数目（NP）均呈现大幅增加，而平均斑块面积指数（AREA-MN）均明显下降，表明生态用地空间由成片分布趋于破碎化、分离化的趋势，形状由团聚状向不规则的多边形演化；边界密度指数（ED）在发展新区明显上升，平均斑块面积指数急剧减小，说明该区域生态用地的斑块破碎化程度最为激烈；在生态涵养区的边界密度指数有所下降，平均斑块面积指数也呈现减小趋势，说明随着人类活动的加强，该区域生态用地斑块的形状趋于规则化，具体见表5-2。

表5-2 2001—2011年北京市域生态空间景观指数变化

区域	功能拓展区		发展新区		生态涵养区	
年份	2001	2011	2001	2011	2001	2011
NP	2569	8852	8569	34051	10658	26592
AREA-MN	22.37	5.20	57.53	13.95	76.99	30.74
ED	19.16	19.64	17.13	21.20	25.58	18.71

5.3 生态用地的布局引导

农业土地利用比较效益低是我国农地非农化的主要根源（曲福田，2005），在巨大的利用效益差异之下，北京市近郊区的农地被逐步非农化利用，传统上整齐划一的农田斑块被细碎化切割，生态服务功能被大打折扣。决策部门虽然提出了"三圈九田多中心"用地空间结构，努力实现"红绿黄蓝和谐"的土地利用目标("红"指建设用地,"绿"指林地等生态性用地,"黄"指耕地等农业生产用地,"蓝"指河、湖水系),也试图通过对远郊未利用地的开发来维持一定的绿色空间规模,但由于对生态用地空间不同的认识和理解,以及缺乏系统的规划布局与引导,导致整体生态环境持续恶化的事实难以被遏制。

生态用地空间的布局和引导,要在满足一定经济社会发展目标的背景下,综合平衡城市的生态、文化与经济各方面需要的基础上,根据城市生态用地的重要性给予最大限度的保护,并保留足够数量的生态用地,以维持城市自身生态系统健康,改善城市居民生活质量,促进城市的可持续发展。在生态安全格局评价中,为了避免因选取不适当的评价指标,导致评价结果偏离实际,在此,综合考虑各方面影响因素和参考相关文献(张凤荣,2007;关小克,2010;俞孔坚,2005),以生态用地空间现状为基础,结合研究区域生态系统的具体特点,从生态服务功能、景观空间结构和生态敏感性等方面选取评价因子,利用综合评价模型方法进行定量评价。

5.3.1 生态用地空间重要性评价的模型构建

以生态安全的相关理论为指导,以指标的代表性独立性以及数据的可获取性为原则,构建生态用地空间重要性的指标评价体系。由于各评价指标的类型复杂,基于研究的需要对各项指标的量纲进行统一处理,评价因子对生态系统的正向影响越大其数值也越大,以 1、2、3、4、5 的数字表示,各指标的分级赋值标准见表 5-3,各指标权重通过层次分析法获取。在评价过程中为了保护珍稀濒危动植物分布区,直接将自然保护区列入必须保护的区域。

表 5-3 生态用地空间重要性评价指标体系

系统层	指标层	5分	4分	3分	2分	1分	权重
生态服务功能	用地类型	水域	耕地	林地/园地	草地	未利用地、其他农用地	0.153
	地块面积/hm²	≥20	[15,20)	[10,15)	[5,10)	<5	0.097
	水源涵养区	一级水源地保护区	二级水源地保护区	三级水源地保护区	—	其他区域	0.119
景观空间结构	与种子斑块的距离/m	≤1000	(1000,2000]	(2000,3000]	(3000,4000]	>4000	0.105
	距离河流的距离/m	≤500	(500,1000]	(1000,1500]	(1500,2000]	>2000	0.078
生态敏感性	坡度/°	≤2	(2,5]	(5,8]	(8,15]	>15	0.122
	地质条件	适宜区	较适宜区	—	较不适宜区	不适宜区	0.085
	土壤质地	中壤	轻壤	重壤	砂壤	砾质	0.148
	土层厚度/cm	>150	(100,150]	(60,100]	(30,60]	<30	0.092

(1) 生态服务功能

生态用地空间的重要性首先与其土地类型有关，当前人们对于森林、草地和湿地等系统的生态服务功能研究较多，但对农田尤其是耕地的生态服务功能重视不够。实际上，农田具有重要的生态服务功能，在生物多样性与维持、调节气候、营养物质储存与循环、降解有害有毒物质、减轻自然灾害等方面有重要作用。农田作为人工生态系统，接受了更多的物质投入，是一个快速物质循环的高生产性生态系统，其生物生产量比林木和草坪大得多，从这种意义上说，农田的生态服务功能可能还优于林地和草地生态系统（张凤荣，2007），参照相关研究成果，制定出用地类型的量化分值。生态用地的重要性也受生态活力强弱的影响，生态系统活力越高，其承载能力、生物多样性和抵抗干扰的能力也就越强。生态活力与土地面积大小密切相关，生态用地的土地面积越大，其调节、涵养功能就越强。北京市城市规划对区域内的水源涵养区等级进行了划分，参照划分结果将一级水源涵养区、二级水源涵养区、三级水源涵养区内的景观斑块分别赋予相应的评价分值。

(2) 景观空间结构

保护大型生态用地和维护自然景观格局的连续性是生态系统可持续发展和生物多样性保护的重点内容。北京市城市规划从保护生物多样性角度，构筑了海坨山—百花山—东灵山—雾灵山基因资源保护区，这些保护区的建设不仅保护了北京特有的动植物资源，也在保护水土资源、调节区域气候方面起到了作用（关小克，2010）。河流在提高城市景观质量、改善城市空间环境、调节城市温度湿度、维持正常的水循环等方面也起着重要的作用。以维护自然景观格局的连续性为标准，选取研究区域中自然保护区作为种子斑块，以生态用地单元与已选取的种子斑块的距离、与河流的距离作为评价指标值，对景观的空间属性进行赋值，从而判定景观单元空间结构。

(3) 生态敏感性

土壤是人类赖以生存和发展的重要自然资源，它可以同时发挥多种功能，在地表无人工铺装的情况下，土壤的缓冲和过滤性质可以表现出土壤对物质的物理化学吸附、反应能力，同时土壤中各种微生物的种类与数量、酶活性等，是反映土壤栖息地与基因库功能的重要指标。为了反映区域生态的敏感性，从研究区面临的实际问题出发，根据数据的可获取性，经过相关学科专家的多次讨论，选取土壤质地、土层厚度等因子，并将其与坡度、地质适宜分区相结合，以综合反映区域的生态敏感性。

5.3.2 基于不同发展目标的重点生态用地空间布局研究

基于生态用地空间的重要性评价，可为理性布局北京市的生态用地空间提供科学参考。以城市生态用地空间的重要程度指数来反映生态用地需保护的级别，指数分布范围为 0~5，指数越高，需要受保护的级别也就越高。西北部山区作为北京市生态屏障和水源保护地，现状区内广泛分布着自然保护区和水资源保护区，且林地斑块较大，该区域的土地利用不仅影响着平原区的水资源和生态环境安全，而且关系到全市的社会经济可持续发展。俞孔坚先生提出的"反规划"理念，是通过布局生态基础设施，引导和框限城市的空间发展（俞孔坚，2001）。在此，本研究将重要生态用地作为城市生态规划的根本前提和城市建设不可逾越的刚性界限，强调优先保护基本生态系统服务的安全格局，将一般生态用地作为建设占用的发展预备空间，为经济发展提供土地资源。将综合评价结果按从高到低排序，分别以全市土地面积的40%、50%和60%为标准，从综合评价结果中提取相应的生态用地给予重点保护，从而形成低、中、高三种生态用地布局引导方案。

低方案：当提取的重要生态用地面积占北京市国土面积的40%时，多数生态种子斑块如百花山、灵山、松山、云蒙山等自然保护区，妙峰山、八达岭等森林公园，周口店、潭柘—戒台等文化遗产资源均被列入重要的生态用地范围得以强化保护，但重要生态用地斑块在空间分布呈现明显的孤立性，斑块间缺少有效的廊道链接，中心城区周边均为一般性的生态用地空间，生态用地布局与宜居城市建设并未形成有效衔接。该种方案最大限度地提供可供建设占用的极限空间，是生态让渡建设的极限。

中方案：当提取的重要生态用地面积占北京市国土面积的50%时，围绕生态种子斑块边缘的生态景观有所增加，环西北山区的重要生态用地空间的连通性有所增强，种子斑块与水资源保护区等重要生态用地之间的生态廊道基本形成，中心城区附近的部分非建设用地也被列入重要的生态用地空间，但各重要生态斑块空间之间的连续性不够，并未形成约束城市扩张的刚性空间，无法有效控制城市的蔓延扩展。

高方案：当提取的重要生态用地面积占北京市国土面积的60%时，北京西、北山区的灵山、松山、云蒙山、官厅水库、密云水库等重要的生态源地，通过水系、林带等线性元素构成呈基质—斑块—廊道镶嵌格局的生态基础设施网络，种子斑块间的景观连通性明显提高，相互之间建立了有机联系。在平原地区重要生态用地广泛点缀在一般生态用地中间，中心城区与新城之间被重要的生态用地斑块填充，从而将北京市全境内的生态种子斑块关联在一起，控制北京市景观生态安全格局的生态支撑带基本形成。说明将至少60%的国土面积列入重点生态用地，并给予严格保护，是推进宜居城市建设的理想区间。为此，要在中心城区周边强化绿化隔离带的建设，积极推进农村土地综合整治工作，以重点生态用地布局为依托，推动"一轴两带，多中心"城市空间的形成。

5.4 小结

在城市发展和生态保护的双重压力下，如何通过合理布局生态用地从而高效地恢复和增强土地系统的生态服务功能，增强城市对自然灾害的抵御能力和免疫力，是摆在广大专家学者面前的一个棘手问题。极端的环境保护主义和唯利是图的开发行为都不能使一个建设项目得到圆满的结果（俞孔坚，2001）。在参考相关研究的基础上（俞孔坚，2009），依据生态用地的生态服务功能、景观空间结构和生态敏感性，结合生态用地的不可替代性和空间格局现状，提出了重要生态用地和一般生态用地的概念。一般生态用地则可作为建设用地布局的弹性空间，通过科学合理的空间格局的设计，可以实现既不牺牲土地利用的经济价值代价，又满足经济发展所要求的"效率"，同时拥有生态与环境的"安全"，保障了城市基本生态系统服务。

为了提高重要生态用地空间布局实施的力度，可以发挥耕地的生产、生态功能，将农田纳入重要生态用地空间，实施高效农业、生态农业和现代服务业相结合的发展策略，要加大对农村土地的整治力度，避免村庄周边的优质农田被不断侵蚀，以规划指导，引导工业向园区集中、人口向城镇集中、居住向社区集中，从而积极推动北京市宜居城市建设。数据资料

第5章　北京市生态用地空间的演变与布局引导

的量化处理是本方法应用的制约因素，一些重要的评价因子数据在一定程度上将影响评价结果的科学性，由于生态用地重要性评价领域缺乏统一的标准，因此对相关因子的量化处理不易规范。如何构建科学有效的生态用地重要性评价方法，引导城市空间的合理开发和利用，应是今后城市规划和发展布局领域研究的重点。

第 6 章

城市功能定位、发展目标及整治战略路径

6.1 城市空间形态的演变

北京市中心建成区的扩展基本上呈现以旧城区为中心向四周扩展的方式，并未在某一方向表现出特别明显的变化，但在不同时期内的扩展速度差异非常明显。民国时期北京的城市中心区基本都在二环内，城区的边界以内外城墙为主，总面积只有 48.50km^2。新中国成立后，北京的城市面貌发生了巨大变化，城区范围迅速向旧城外扩展，城市发展进程相对以前明显加快，城市中心区外边界突破了内外城墙并向四周都有较大扩展。到了 20 世纪 70 年代，北京市中心建成区主要以旧城区和沿二环外侧的建成区为主，总面积不足 200km^2。顺长安街方向向西发展稍远，八宝山以东地区为中心建成区的西缘；南部地区二环以外发展尚少，在天坛公园以南区域基本上成为中心建成区的南界；东部边缘至通州区（原通县）尚有 10km^2 左右的距离；西北界约在海淀镇所在地，颐和园以东、圆明园以南地区尚与中心建成区相连。

此后开始到 20 世纪 80 年代初期，北京市建成区的扩展速度相对较慢，在改革开放前的 1973—1978 年间，北京市建成区增加了不足 50km^2，平均每年增加 9.66km^2。改革开放后，北京市经济社会发展速度逐步加快，建成区面积也不断增加，但整体发展速度滞后于经济社会的发展，其中

第6章 城市功能定位、发展目标及整治战略路径

1978—1984年间，建成区每年增加的面积只有5.56km²。

20世纪80年代中期，北京市的扩展仍然延续此前的平稳发展，监测到1984—1987年的平均增加面积为12.46km²。但是从该时期开始，随着经济的发展，各项生产生活活动不断加强，城市建设的经济基础更为雄厚，而且受到改革开放后地域间人员流动日益增强的影响，对于城市用地的需求趋于强烈，城市扩展的速度逐步加快，原建成区面积增加了一倍以上，平均扩展面积36.95km²。这一时期，北京市的发展进入了第一次显著扩张的阶段，这一快速发展过程持续到20世纪90年代中期。北京市第一次的高速扩展始自1987年，1998年后显著减缓，共持续了11年的时间，该期间建成区面积增加了492.39km²，年均增加44.76km²。

1998年以后，进行了对北京市建成区扩展的年度监测，截至2005年，共持续7年，这一时期，北京市建成区由1998年的795.23km²扩展到2000年的830.67km²，扩展速度显著减缓。21世纪的最初5年，北京市建成区在此进入快速扩展期，建成区面积增加了379.29km²，相当于20世纪70年代初期的北京市建成区面积的2倍，年均增加75.86km²。

随着经济社会的快速发展，北京进入了新的重要发展阶段，为了承办2008年夏季奥运会，根据2003年国务院对《北京城市空间发展战略研究》的批示精神，编制了《北京城市总体规划（2004年—2020年）》，确定了"两轴—两带—多中心"的城市空间结构，并推动形成了"中心城—新城—镇"的市域城镇结构。

2014年2月和2017年2月，习近平总书记两次视察北京并发表重要讲话，为新时期首都发展指明了方向。为深入贯彻落实习近平总书记视察北京重要讲话精神，紧紧扣住迈向"两个一百年"奋斗目标和中华民族伟大复兴的时代使命，围绕"建设一个什么样的首都，怎样建设首都"这一重大问题，谋划首都未来可持续发展的新蓝图，2018年9月29日北京市公布了新一版城市总体规划《北京城市总体规划（2016年—2035年）》，本次城市总体规划编制工作坚持一切从实际出发，贯通历史现状未来，统筹

人口资源环境,让历史文化和自然生态永续利用,同现代化建设交相辉映。坚持抓住疏解非首都功能这个"牛鼻子",紧密对接京津冀协同发展战略,着眼于更广阔的空间来谋划首都的未来。坚持以资源环境承载能力为刚性约束条件,确定人口总量上限、生态控制线、城市开发边界,实现由扩张性规划转向优化空间结构的规划。坚持问题导向,积极回应人民群众关切,努力提升城市可持续发展水平。坚持城乡统筹、均衡发展、多规合一,实现一张蓝图绘到底。坚持开门编制规划,汇聚各方智慧,努力提高规划编制的科学性和有效性,切实维护规划的严肃性和权威性。

6.2 城市的功能定位与发展目标

6.2.1 城市的功能定位

《北京城市总体规划(2016年—2035年)》确定北京的一切工作必须坚持全国政治中心、文化中心、国际交往中心、科技创新中心的城市战略定位,履行为中央党政军领导机关工作服务,为国家国际交往服务,为科技和教育发展服务,为改善人民群众生活服务的基本职责。落实城市战略定位,必须有所为有所不为,着力提升首都功能,有效疏解非首都功能,做到服务保障能力同城市战略定位相适应,人口资源环境同城市战略定位相协调,城市布局同城市战略定位相一致。

6.2.2 城市的发展目标

与迈向"两个一百年"奋斗目标和中华民族伟大复兴中国梦的历史进程相适应,建设国际一流的和谐宜居之都,是北京坚持新发展理念的必然要求,是落实"四个中心"城市战略定位、履行"四个服务"基本职责的有力支撑,是全市人民的共同愿望。立足北京实际,突出中国特色,按照国际一流标准,坚持以人民为中心的发展思想,把北京建设成为在政治、科技、文化、社会和生态等方面具有广泛和重要国际影响力的城市，建设成为人民幸福安康的美好家园。充分发挥首都辐射带动作用，推动京津冀协同发展，打造以首都为核心的世界级城市群。

2020年发展目标：建设国际一流的和谐宜居之都取得重大进展，率先全面建成小康社会，疏解非首都功能取得明显成效，"大城市病"等突出问题得到缓解，首都功能明显增强，初步形成京津冀协同发展、互利共赢的新局面。

——中央政务、国际交往环境及配套服务水平得到全面提升。

——初步建成具有全球影响力的科技创新中心。

——全国文化中心地位进一步增强，市民素质和城市文明程度显著提高。

——人民生活水平和质量普遍提高，公共服务体系更加健全，基本公共服务均等化水平稳步提升。

——生态环境质量总体改善，生产方式和生活方式的绿色低碳水平进一步提升。

2035年发展目标：初步建成国际一流的和谐宜居之都，"大城市病"治理取得显著成效，首都功能更加优化，城市综合竞争力进入世界前列，京津冀世界级城市群的构架基本形成。

——成为拥有优质政务保障能力和国际交往环境的大国首都。

——成为全球创新网络的中坚力量和引领世界创新的新引擎。

——成为彰显文化自信与多元包容魅力的世界文化名城。

——成为生活更方便、更舒心、更美好的和谐宜居城市。

——成为天蓝、水清、森林环绕的生态城市。

2050年发展目标：全面建成更高水平的国际一流的和谐宜居之都，成为富强民主文明和谐美丽的社会主义现代化强国首都、更加具有全球影响力的大国首都、超大城市可持续发展的典范，建成以首都为核心、生态环境良好、经济文化发达、社会和谐稳定的世界级城市群。

——成为具有广泛和重要国际影响力的全球中心城市。

——成为世界主要科学中心和科技创新高地。

——成为弘扬中华文明和引领时代潮流的世界文脉标志。

——成为富裕文明、安定和谐、充满活力的美丽家园。

——全面实现超大城市治理体系和治理能力现代化。

6.3 国土空间整治的路径选择

土地整治作为适时补充耕地、盘活存量土地、优化城乡用地、强化集约用地、提升土地产能的重要手段，是推动城乡融合发展的重要平台和抓手，在资源约束、农村发展受限的情况下，可以将土地整治作为解决一系列问题的战略突破口。为此，需要按照北京市城市总体规划的目标，全面落实城市战略定位，将优化城市景观格局和提升土地集约利用作为土地综合整治的战略重点，合理安排和制定土地综合整治的路径和任务，需要从两方面强化土地整治的功能和方向。

6.3.1 增强土地整治的景观建设功能

区域土地整治应把景观建设作为战略重点，要与《北京城市总体规划（2016年—2035年）》等规划相协调，在提升农田生产能力的同时，充分发挥农业在生态、景观和生活方面的正效益。保护和修复自然生态系统，维护生物多样性，提升生态系统服务。加强自然资源可持续管理，严守生态底线，优化生态空间格局。强化城市韧性，减缓和适应气候变化。整合生态基础设施，保障生态安全，提高城市生态品质，让人民群众在良好的生态环境中工作生活。构建多元协同的生态环境治理模式，培育生态文化，增强全民生态文明意识，实现生活方式和消费模式绿色转型。

6.3.2 强化土地整治的集约利用功能

坚定不移地疏解非首都功能，为提升首都功能、发展水平腾出空间，优化城市功能和空间结构布局。突出创新发展，依靠科技、金融和文化创意等服务业以及集成电路、新能源等高技术产业和新兴产业来支撑。统筹把握生产、生活、生态空间的内在联系，增加生态、居住、生活服务用地，减少种植业、工业、办公用地，形成生活用地和办公用地的合理比例。综合考虑城市环境容量和综合承载能力，加强城市生产系统和生活系统循环链接，促进水与城市协调发展、职住平衡发展、地上地下协调发展，实现更有创新活力的经济发展，提供更平等均衡的公共服务，形成更健康安全的生态环境，提高可持续发展能力。

以资源环境承载能力为硬约束，划定城市开发边界，结合生态控制线，将 16410km² 的市域空间划分为集中建设区、限制建设区和生态控制区，实现两线三区的全域空间管制，遏制城市摊大饼式发展。

6.4 小结

为了落实城市战略定位、疏解非首都功能、促进京津冀协同发展，要充分考虑延续古都历史格局、治理"大城市病"的现实需要和面向未来的可持续发展，着眼打造以首都为核心的世界级城市群，完善城市体系，在北京市域范围内形成"一核一主一副、两轴多点一区"的城市空间结构，着力改变单中心集聚的发展模式，构建北京新的城市发展格局。

本研究开展的前期阶段北京市新一轮的城市规划修编还没有完成，以下章节分析的城市材料均是以《北京城市总体规划（2004年—2020年）》为基础做出的一些分析，但是土地资源有限性和生态环境的约束性已经成为北京市保持活力、高效和可持续发展的两大关键因素，而生态问题的根源依然是土地。为塑造稳定、有序的国土空间格局，本研究重点关注农地的景观型整理和农村居民点生态型整治，以期实现城市功能与首都性质及核心功能匹配的内在要求。

农业用地整治篇

第 7 章 ▶

基于景观建设的农田整理分区

农业的多功能性已经得到越来越多的共识（张燕丽，1996；方志权，1999；高云峰，2005）。更有人提出将耕地和基本农田纳入大都市空间规划，作为绿色空间和阻击城市"摊大饼"式的无序蔓延（张凤荣，2005）。要实现都市农业的生产、生态和景观的多种功能，必须构筑一个与此相适应的功能发挥平台——农田，并结合区域实际提出不同区域农田的整理模式。随着人们对土地功能的认识也在不断加深，农地利用不仅有经济效益，更有生态效益和社会效益（蔡云龙，2005），甚至还有历史文化承载和认识价值、道德价值和审美价值等价值或功能（俞奉庆，2004）。土地利用的空间布局合理与否取决于土地利用方式与土地自然构成要素空间分布的合理程度，即土地利用是否与土地自然要素的客观要求相一致（刘彦随，1999）。

农地是一项重要的自然资源，对于人类的生存和发展发挥着巨大的作用。保护包括耕地在内的所有农地资源，意味着保护了粮食的综合生产能力；保护农地还意味着能够有效利用土地，有利于处理好建设与农业发展的关系；同时，保护农地意味着关注土地的质量，保护土地及其生态环境不受破坏，这也是社会经济可持续发展的一个方面。与农地保护目标相对应，耕地保持解决的是口粮安全问题，农地保持解决的是食物安全问题，而农地保护解决的是包括口粮安全和食物安全在内的生态环境保护和可持续发展的问题。所以，在土地综合整治过程中的农地整理不仅局限于耕地，而是整个区域农田的整理。

景观建设是都市区土地整治的重要组成部分，北京农田整理必须围绕建设"宜居城市"的目标，基于景观建设与生态安全的需求，按照宜林则林、宜果则果、宜耕则耕，统筹考虑各类农业用地的空间分布现状和利用特点，充分融合农业圈层理论，结合近郊平原、远郊平原和远郊山区组成的用地结构，通过土地整理优化农业产业的空间布局，以促进区域景观环境建设，提升农地利用的综合效益。

本章基于北京市农田的功能分析，提出相应的农田整理规划分区，并以北京市现状耕地作为研究实例，通过建立评价指标体系，将土地的自然、社会、经济要素以及生态功能因素纳入评价体系，对耕地宜耕性做出多方位、多层次的分析与评价，为耕地多种功能的实现提供参考。

7.1 北京市农田的功能

随着城市的发展，北京市农业产值的比重将进一步减小，资源稀缺成为制约城市发展的首要因素，农业的多功能性体现得越来越明显。与农业传统的生产功能相比，农业的生态服务功能、景观文化功能等将更进一步显现，成为城市健康发展的必不可少的组成部分。

农田的生态服务功能是在社会经济持续发展、人们生活水平的提高，以及人们对于自身、人文景观和自然风物相互关系认识不断深化的背景下，由农田的固有生产功能衍生的或逐渐被意识到的功能，也将是备受重视的功能（关小克，2010）；农田是保证区域粮食/食物安全的基础。在都市区，农田除了农产品的生产功能外，还具有农民社会保障、城市生态服务、景观文化和观光休闲等功能。

7.1.1 食品的安全供给功能

今天,现代化的运输工具和四通八达的交通网络,一方面,拉近了农产品生产基地与需求市场之间的距离,使农产品的运输已经不再是制约条件;另一方面,自由贸易建立了全国乃至世界的统一市场,农产品跨区域、跨国界的流通都相当方便。北京是一个大都市,人均耕地面积仅有 0.014hm^2,单靠这点耕地保障自给自足是不现实的,意味着本市农产品供给将主要依靠外埠。但是,作为一个有着 2000 多万常住人口的大都市,当遇到极端气候(如雪灾、洪水等)造成对交通的阻碍时,完全依靠外埠农产品和大流通来保障本地食物供给,特别是新鲜蔬菜的供给,也是不现实的。因此,保护一定面积耕地来产出一定量的自给农产品,以保证应急蔬菜等农产品的安全供应。

7.1.2 农民社会保障功能

在实行家庭联产承包制以前,我国农民可以通过以社队为基础的集体经济制度而获得低水平的生存保障。实行家庭联产承包责任制后,传统的集体经济制度被彻底打破,农民丧失了集体保障;但是,农民也靠家庭生产的积极性获得了温饱有余的生活。可见,农地承载起了为农民提供生存保障的功能。在没有足够的非农就业机会和非农收入,没有健全的社会保障体系时,农民在很大程度上必须依靠农地来收获基本生活资料,以维持最低生活水平。虽然北京市农民的收入构成在变化,非农收入占据越来越大的比例,政府也在逐步建立农民的社会保障体系;但是在相当长的时期内,农地还得承载农民的部分社会保障功能。直到现在,在北京一些经济落后的山区,农业仍然是人们的衣食来源和安身立命之本。

7.1.3 城市生态服务功能

随着人民生活水平的提高,现代都市市民都喜欢自己的居住区或周围有大片林木或草坪绿地。绿地率、绿地面积以及相关的森林、林木覆盖率也成为当前衡量一个城市是否"宜居"的重要指标之一。联合国生物圈和环境组织提出"城市人均 60m² 绿地面积为最佳居住环境"。我国的"全国绿化模范城市"评比标准也有类似的绿化、绿地的主要指标，如要求建成区绿化覆盖率达 35% 以上，人均公共绿地面积达 9m² 以上，城市中心区人均公共绿地达 5m² 以上等。根据北京市城市绿地系统规划，到 2020 年，全市林木覆盖率达到 55%，森林覆盖率达到 38%；城市绿地率达到 44%～48%；人均绿地面积为 40～50m²；人均公共绿地面积为 15～18m²。

生态服务功能指生态系统与生态过程所形成的、维持人类生存的自然环境条件及其效用。当前人们对于森林、草地和湿地等系统的生态服务功能比较重视，但对农田尤其是耕地的生态服务功能重视不够。实际上，与林、灌、草这样的绿色植被一样，农田也具有重要的生态服务功能。农田在调节气候、养分循环、降解有害有毒物质和减轻自然灾害等方面有重要作用。国外许多大都市都很重视农地的生态服务功能，如日本，在"都市化促进区"保留了大量耕地，它们呈点、片状镶嵌在大城市中，在通过"地产地销"为市民提供有机绿色蔬菜的同时，也发挥着绿化环境、改善城市生态系统的功能。

随着"摊大饼"式的城市无限扩张和城市绿地的减少，造成城市空气日益恶化。曾几何时，冬天凛冽的寒风是北京人的苦恼，今天，寒风成为市民的渴求，希望它能够卷走城市上空的污浊空气。北京市平原区城乡建设用地已经占据土地总面积的 45% 以上，再加上交通道路等建设用地，建设用地总量占据土地总面积的半数以上。在国家耕地保护目标要求下，单纯依靠植树造林在平原区达到城市绿地率 44%～48% 是不可能的，必须将农田作为绿色空间。以开敞的农田代替林木作为北京中心城区与各城市组团之间的隔离带，甚至将农田作为"绿肺"植入城区，既能够在生长季节产生更强烈的光合作用，释放更多的氧气；在冬季又有利于空气流动，排除城市废气。农田的生态服务功能在未来的"宜居城市"建设中将发挥更重要的作用。

7.1.4 景观文化功能

景观尤其是人文景观往往与特定的地理环境相联系。农田往往与人文景观相耦合而形成流畅的景观序列，与人文景观一道营造出独特的视觉美感，展现其独有的景观功能。北京是世界著名的文化名城，但文化名城并不仅仅是众多孤立的人文建筑，还有其产生的包括农业在内的历史文化环境。

农业是不可替代和不可引进的地区性文化资源，而每一种农耕文化都以自己特有的耕地类型为最基本的特点和内核。耕地也是北京本土文化的重要载体和农耕文明史的见证，具有传播农业知识和农耕文明，提高人们惜土意识等特殊的教育功能；是市民特别是广大青少年接触传统农业和农业科技，体验农业文化和农耕文明的载体。

7.1.5 观光休闲功能

随着工业化和城市化的快速推进，生活空间狭小、生存环境严重恶化使城市居民普遍有回归大自然的强烈愿望。环境幽静、空气清新的田园风光和传统的男耕女织的农村生活对久居城市的居民有着强烈的吸引力。春天绿油油的麦苗，盛夏的麦浪，秋天的玉米青纱帐，无不具有强烈的视觉美感而深深吸引着现代都市市民。假日里，城市居民或到乡间小住几天，呼吸一点山林里的新鲜空气；或看一点天高云淡的田园风光，吃几口口味清淡的农家土菜，已经变成一种"时尚"。这种生活诉求的改变，使农业观光、休闲、参与型农业等以农业为依托的新型服务业快速发展，成为当今都市农业发展的一大亮点。

总之，对于北京市而言，农田的农产品生产功能、对农民的社会保障功能、城市生态服务功能、城市景观文化功能和市民观光休闲功能，这五种功能相互联系，不可分割。其中生产功能是农田最根本的功能，它是其他农民社会保障、城市生态服务、景观文化和观光休闲等四种功能的基础。农田的生态服务功能、景观文化功能和观光休闲功能等是在经济社会持续发展、人民生活水平提高，以及人们对于自身、人文景观和自然风物相互关系认识不断深化的背景下，由农田的固有生产功能衍生的或逐渐被意识到的功能，也是越来越受重视的功能。步入后工业化阶段，进入小康社会的北京，对于农田多功能性，特别是生态、生活功能方面的要求越来越高。北京市的农业正从以前单一的生产和社会保障功能向着以生态、景观文化和旅游休闲等多功能一体化发展的阶段过渡；而且，随着经济社会的进一步发展，对于农田多功能性，特别是生态、生活功能方面的要求越来越高。

7.2 都市区农田整理的必要性

实施土地整理，使支离破碎的农田集中连片，不但可以加大农业经营规模，推进优势农产品规模化基地的建立，而且也可以在城市等建设用地周围形成宽阔开敞的绿色农田景观。通过土地整理，提高农田的肥力质量和环境质量，不但可以提高农产品的量与质，也可以改善农田的生态服务能力和城市环境质量。通过土地整治，才能全面提升农业综合生产能力，加快发展都市型现代农业，实现农民增收，改善农民生活水平，逐步缩小城乡差距。而农业生产及其布局也必须考虑国民经济各项发展规划的要求，服务于经济社会发展的需要，最终促成城乡和谐发展。

7.2.1 高品质生活对农业的要求

北京市常住人口有2000多万。这些人口不但需要大量的农产品，而且由于城乡居民收入的增加和消费能力的增强，使之更加注重食品的新鲜和安全，要求高质量的农产品。那些生活在城市特别是中心城市的居民也渴望利用更多的休息日到乡村、田野去，回归自然，休闲度假及体验农业文化。因此发展都市型农业是北京农业发展的必然方向。

《北京城市总体规划（2004年—2020年）》将农田作为绿色空间来对待，也就是说，对农田的要求不再是单纯的生产功能要求，同时要其发挥生态服务功能和景观功能，为北京市的"宜居城市"建设发挥作用，满足人们高品质生活的需求。

7.2.2 发展都市型农业是提高市民生活水平的要求

都市型农业强调重新认识农业的整体功能对城市的意义，强调突破城乡二元结构和实现都市农民从身份向职业的转化，强调在城市化中协调好城、乡、农的关系，协调好人与自然的关系，把农业作为城市规划与建设的组成部分。

受农业生产空间狭小的限制，北京虽然不是农产品生产区，但也要承担一定面积的耕地，以保护区域粮食、食物安全。而北京市民的高消费特征，给新、特、优农产品带来优势。所谓"新"，就是新产品，即市场上稀缺。所谓"优"，就是优质，包括营养高、风味好、没有污染、绿色和安全。北京要利用区位优势和科技优势，在有限的农业空间中，通过自主创新培育和引进，不断推出新品种，以"新"和"特"吸引高消费者；同时，注重栽培过程中的安全监控，为那些讲究质量的消费者提供有机产品、绿色产品和无公害产品。都市型农业的农田在生产首都市民需要的优质安全的农产品的基础上，更应该以其多样的植被覆盖类型使其成为城市生态系统中的重要组成部分；提高景观的多样性；美化城市与乡村景观；同时，各种农田、果园为城市居民提供观光、休闲的好去处。

7.2.3 北京市各种规划对农业的要求

在《北京城市总体规划（2004年—2020年）》"土地资源保护与利用"一章中，提出"根据城市空间总体布局，适当调整基本农田布局，将基本农田保护区与绿色隔离带和生态走廊规划相结合，基本农田可以部分纳入绿色空间"。在其"生态环境建设与保护"一章中，提出"绿色空间规划应综合考虑农田、林地、荒地、公园、城市绿地、自然保护区、风景名胜区和森林公园等方面"，应"充分发挥绿色空间在生态、环境、景观、文化、游憩和减灾方面的综合作用"。"在城市建成区内，建设用地是基质，绿地是斑块；在城市建设区外，绿地是基质，建设用地是斑块，线性绿地和楔形绿地为骨架，在总量控制的原则下，在保证基本农田用地，保证必要的、结构性的绿色空间功能要素的前提下，补充生态公园或生态缓冲区"。

结合"两轴—两带—多中心"的城市空间结构，集约发展"一城多新"，精心保护"两山八水"，积极建设"二隔九田"（两道绿色隔离带九大片基本农田保护区），推动"红绿黄蓝和谐，核新田网集约"的首都土地利用总格局的形成。其中，完善第一道绿化隔离带、建设第二道绿化隔离带和分布在大兴、通州、顺义、房山、延庆等区县内的九片基本农田集中连片保护区；充分发挥农田、林地、城市绿地、自然保护区、风景名胜区、森林公园等绿色空间在生态、环境、景观、文化、休闲、减灾等方面的综合作用，构筑适应北京"宜居城市"建设要求的绿色空间体系。

按照生态、安全、优质和高效的都市现代农业发展方向，以服务城市、改善生态和增加农民收入为宗旨，提高农业综合生产能力、社会服务能力和生态保障能力。为此，提出了根据资源条件和区位，优化都市型现代农业产业布局，为建设宜居城市服务。开展土地整理是为实现农业产业布局打基础，是实现新农村发展规划的目标重要工程。

7.3 农田整理的景观功能分区及整理模式

7.3.1 农田整理的分区思路

当前，北京的农业已经呈现圈层特征。围绕北京中心城区，现已形成了三个不同的农业地带，第一层为近郊城乡交错的平原地带，是北京的蔬菜集中生产地区；第二层为远郊平原农村带，是粮食和畜产品的主产区；第三层为远郊山区地带，是北京林果产品的主产区，同时起到生态环境屏障和水源涵养的作用。

北京现已形成的圈层农业是自然条件与经济社会发展相结合的历史阶段性产物；它是现实存在，但不见得是合理的。

蔬菜集中生产的第一圈层地区是在"城市菜篮子"工程背景下形成的，它最邻近农产品市场，方便为城市居民提供新鲜的蔬菜，也为农业劳动力提供了大量就业渠道。但是，这一圈层的水土气污染严重，生产出来的蔬菜很难保证绿色和安全；蔬菜生产的高水肥投入既消耗了本来就紧缺的水资源，而且大量施用化肥农药造成地下水污染和土壤污染；设施农业可能带来较高的经济效益，但其白色构筑物却与城市要求的田园风光格格不入；劳动力高度集约的蔬菜生产创造了较多的就业机会，但并不为当地农民所青睐，他们有着更多的非农就业机会，出于机会成本的考虑，而将这一艰苦的就业机会让渡给了外来农民；外来农民在这里私搭乱建简陋的房屋与圈舍，又造成了这一地带环境脏乱差。

远郊平原地带的粮食和畜产品第二圈层，种植业主要是大田作物，无论是从劳动力投入上，还是水肥投入上，都比第一圈层的蔬菜种植区粗放。这种较为粗放的种植方式，虽然适合那里农田比较广阔的资源特点，但不适应当地的经济社会条件。第一，远郊平原区农业劳动力丰富，而相对近郊来说，非农就业渠道少些，应该发展劳动力比较集约的蔬菜生产；第二，大田作物对城市居民来说有着更好的景观视觉美学效果，应该在农田已经成为干扰斑块的城市近郊区发展，以营造现代都市市民所向往的田园城市景观；第三，大田作物比蔬菜种植的水肥要投入少，有利于生态环境保护，应该更贴近城市。

综上，近郊城乡交错的平原地带的第一圈层不应该是水肥劳动力集约的蔬菜生产，而应是水肥与劳动力投入都较少的较为粗放的大田作物。反过来，远郊平原农村地带的第二圈层应该是水肥劳动力集约的蔬菜生产和养殖业。这样才使农业产业的布局更符合生态、环保的都市农业要求。

7.3.2 农田整理的功能分区

在农田的空间安排上，在城市近郊区将耕地绿地嵌块体填充于城镇、农村居民点等建设用地之间，起到减少区域温室效应、美化环境、消除污染物和通风的作用；在生态走廊如交通干线沿线、河流沿岸建立农林（果）复合生态系统，形成纵横交错的绿色廊道；在远郊平原或盆地形成以耕地为基质、城市和居民点建设用地镶嵌其中的开敞绿色空间；在远郊山区，在保障山区百姓生活需求的同时，将耕地保护与发挥山区的生态涵养功能相结合，发展有机农业、生态农业，推广无害化土壤培肥和害虫防治技术，实现耕地的永续利用。

根据北京农业的功能定位分析和北京市有关规划对农业的要求，结合北京市城市构造形态和土地利用现状，从农业布局发挥农业的多功能性，为建设"宜居城市"服务出发，构建"四区""两带"功能农业生产区划，并合理安排其中的作物种植种类。

(1) 城市美化农业区

城市美化农业区由中心城区和朝阳、海淀、丰台、石景山四个城近郊区部分组成，基本是在五环路之内。

该区域总面积约为 660km^2，其中，现状耕地约为 16.23km^2，园地约为 4.27km^2，林地约为 31.64km^2，其他农业用地约为 14.15km^2，其中包括 1.14 km^2 的畜禽饲养地，建设用地约为 578.63 km^2。该区基本属于城市区域，绝大部分土地为水泥、柏油等封闭的建设用地以及部分城市园林绿化用地，农用地很少，而且零星散布于建设用地、城市园林绿化用地之中。现状农地主要种植蔬菜、果树、苗圃和花卉等。

这里的农田呈零星的干扰斑块扦插于城市建筑用地之间，面积不大，其生产功能不是主要的,主要应是城市美化功能。

本区应彻底退出瓜菜等食用性农产品的生产,因为这里的水土气污染严重,瓜菜等食用性农产品的安全性差。即使发展设施农业,消除水土气污染威胁,也因为设施农业与周围的高楼建筑不和谐而不适宜。因此,在此区域,政府不再支持温室大棚建设,并逐步拆除现有的一些温室大棚设施农业。该区最合适的农地利用方向是种植花卉、草地等,以美化城市环境为目的的非食用性种植业。为了给市民提供休闲场所,也为了景观的多样性,可以保留和发展部分鱼塘。

(2) 近郊景观生态农业区

近郊景观生态农业区位于五环之外六环以内的城近郊区,基本与北京市第二道绿化隔离带重合。该区域总面积约为1490km²,其中,现状耕地约为218.68km²,园地约为44.46km²,林地约为189.24km²,其他农业用地约为112.94km²,建设用地约为897.78km²。该区属于城乡交错区,农用地与城市建设用地占比差不多,城市建设用地、绿化林地和农地犬牙交错,但被道路和建筑群切割得十分破碎。目前农地以种植蔬菜、花卉、苗圃、牧草和栽植果树为主。

这里的农田是城市绿地系统的重要组成部分,承担着重要的降温供氧、消纳有害物质的功能,与城市环境质量息息相关,其生产功能也不是主要的,主要是城市景观绿化与生态服务功能。

基于营造宜人生态环境、协调城乡景观、保障农产品安全和保持农业产业持续性发展等需要,政府也不要在此区支持温室大棚建设,并逐步拆除现有的一些温室大棚设施农业,减少白色光污染和地表封闭;这里的种植业应该是与城市构筑物相适应的裸露的绿色农业,增加土壤渗透性,积极营造园林城市景观,在城市组团或住宅小区周围形成田园风光;将农业发展空间与城市居民的休闲体验空间融为一体,既实现农业产业的持续发展,又为市民提供绿色农业休闲生活空间。

要逐步压缩高水、高肥、多农药和劳动力投入的瓜、菜种植业；鼓励有观赏、休闲、科普价值和更高生态服务价值的果园、大田作物、花卉、种苗等的种植。在大田作物中，冬小麦虽然属于耗水的粮食作物，但具有防止冬春农田裸露扬沙的作用和绿色景观价值，应保留一定面积，特别是在上风地带。同时，该区域也可依托现有的农业观光园、农业科技示范园等，适度发展观光休闲农业、科普农业和会展农业。这个区域建筑密度大，人口密度大，为了避免畜禽粪污染水资源和消除恶臭异味，不应有畜禽养殖业，应该复垦养殖业用地为绿地系统。

(3) 远郊平原重点农业生产区

远郊平原重点农业生产区位于六环以外远郊平原和延庆盆地区。该区域总面积约为 2720km²，其中，现状耕地约为 1141.65km²，园地约为 163.26km²，林地约为 257.11 km²，其他农业用地约为 244.64km²，建设用地约为 650.21km²，水域约为 127km²。该区地势平坦，农用地占据主导地位，而且集中连片，成为景观基质；建设用地退居次要，成为镶嵌于农用地基质中的斑块。《北京市土地利用总体规划（2006年—2020年）》划定的九大片基本农田保护区主要分布在这个区域。

这里距离市区较远，土地利用覆被变化较为缓慢，水土气环境均良好（除污灌区和排污河沿线外），受城市环境保护的限制少；农业劳动力资源也丰富。这里的耕地面积大且集中连片，适合发展规模经营。因此，这个区域的农田功能以生产功能为主；政府可以将支农资金在该区搞温室、大棚等设施农业，为城市市民提供绿色蔬菜。通过发展现代农业，建设生态型高效农业，发展有机农业，生产绿色安全农产品；并结合各种生产活动，挖掘农业的生态和生活功能，适度发展农业休闲观光产业，促进农民增收。

(4) 山区半山区生态农业区

山区半山区生态农业区位于北部、西部和西南部山区及半山区。区域总面积约为 8860km²，其中，现状耕地约为 277.22km²，园地约为 637.64km²，林地约为 5603.78km²，建设用地约为 437.02km²，水域约为 389km²，未利用地约为 816.79km²。林地占土地总面积的 63.2%，成为景观基质。居民点等建设用地、耕地、园地都属于干扰斑块，散布于林地基质中，通过稀少的道路廊道连通。

该（半）区域处于北京的上风上水地带，承担着北京市重要的水源保护和生态涵养功能，是北京市的生态屏障。该区地貌类型多样，山地、丘陵与河谷相间，历史遗迹、民俗文化、地热资源丰富，山水风景怡人。同时，自然条件巨大差异造就了多样化的地区小气候和特殊的土宜条件，又为特色农业的发展创造了良好的条件。然而，农业也是山区区县的基础性产业，产值在地区国内生产总值中占有较大份额，其农业的持续发展不仅是区县经济发展的需要，也关乎广大山区农民生计。

在满足水源保护和生态涵养要求的前提下，发挥区域特色自然资源和环境优势，通过加强农田建设，重点发展特色唯一性农产品。通过评价农作物的土宜，对现有特色优势产业（如果品、中药材和有机小杂粮等特色产品）生产进行合理布局。同时，以现有的旅游景点、景区（如金海湖、密云水库、怀柔水库、十三陵水库以及潮白河、永定河、拒马河等）河流景观等为载体，结合特殊的人文自然景观及土特产布置，发展山区民俗旅游、生态旅游和农业观光休闲旅游等，提高农业附加值。

(5) 流域沿岸道路两侧绿化农业带

流域沿岸道路两侧绿化农业带主要是分布在永定河、潮白河等河流沿岸，以及京承高速、京沈高速、京津唐高速、京开高速等主要交通干线两侧一定范围的耕地。主要结合《北京城市总体规划（2004年—2020年）》有关绿色系统规划的内容，将交通、水域等绿色廊道的建设与耕地的布置相结合，在"五河十路"沿线（岸）发展农林（果）复合农业。

(6) 山前林果复合农业带

山前林果带分布在山地与平原交接的丘陵和台地区域，主要分布在密云、怀柔、延庆、房山和昌平等区县山前地带。区域总面积约为1930km^2，其中，现状耕地约为335.82km^2，园地约为287.86km^2，林地约为690.12km^2，其他农业用地约为75.76km^2，建设用地约为525.35km^2。

该区域应充分发挥山前独特的生态环境优势，建立以果树种植为主，包括果园、山前道路绿地等多种要素在内的复合林果带，构筑区域生态防护林带网络体系，将山前地带建设成风景宜人、优势突出的生态果林带。

7.3.3 各功能区农田的整理模式

(1) 城市美化农业区的整理模式

城市美化农业区处于城市中心区，保留的部分农田是为了控制城市无序蔓延，保护建筑物基质中的"绿眼"，农田的主要功能也是绿化和美化。该区农田水利建设不应该出现明沟、明渠，而是采取喷灌、滴灌、暗管排水；道路也必须硬化；防护林建设应该以具有美化功能的低矮灌木为主，而不是乔木，以突出开阔的绿色空间。同时，要加强该区域的农田清洁整治工程。

(2) 近郊景观生态农业区的整理模式

近郊景观生态农业区农田整理的方向就要结合近郊区绿化隔离带等生态环境建设工程，通过田、水、路、林、村的综合整治，减少耕地的破碎化程度，以改善和建设田园景观为土地整理方向，创建一批农业生态休闲园区和绿色屏障，把农田整治与建设良好城市景观和生态系统相结合。该区农田整理应该结合地形，考虑明沟、明渠与管道工程相结合，灌溉以喷灌为主；道路也必须硬化；林网建设充分与当地城市景观相结合，不宜种植高大乔木，创建田园景观。污染土壤治理可以考虑清除污染表土工程，也可以种植规避污染元素的作物或种植能够降解污染的作物。

(3) 远郊平原重点农业生产区的整理模式

远郊平原重点农业生产区承担着为北京提供高质优良农产品的职责和任务；也有着发展规模化和产业化农业得天独厚的优势，应该加大农业基础设施投入力度，将发展设施农业、产业化农田建设作为该区农田的方向，使该区农业做大做强。

进行田、水、路、林、渠的综合治理，积极开展农田基础建设，改造中低产田；在进行耕地质量提高的同时，结合农村居民点整治，将区域内的废弃地、闲置低效的工矿用地和一些公共基础设施差的农村居民点进行统一整理复垦，促进优质耕地的集中连片，为规模化农业和产业化农业发展创造条件。同时，按照高标准农田的要求，将其整理成高标准农田，大力发展精准农业、设施农业和现代生态农业，防止城市污染对农田的扩散，将其建成现代生态农业的样板，切实提高优质农田的综合生产能力，使之成为满足农产品需求的高产稳产生产基地，以便为北京市提供大量及时、优质、鲜活、洁净和安全的农产品。这里远离城市中心区，该区农田整理应该采取明沟、明渠与田间道路工程相配套，加大节水灌溉设施的建设力度，通过土地整治引导规模化种植。该区域部分农田应该开展污染治理工程，可以考虑表土清除或工厂化生产规避污染土壤。

(4) 山区半山区生态农业区的整理模式

作为重要生态屏障，远郊山区应以生态维护和适度旅游开发为主。为该目标服务的农田整理应以水源保护和生态维护为前提，以山区水土保持和田间工程建设为主，开展以土地平整和坡改梯田为中心的农田建设，逐步退耕陡坡耕地，因地制宜发展名优特果品生产基地和生态涵养林和水源涵养林，强化该区对北京市的生态保护功能。

(5) 流域沿岸道路两侧绿化农业带的整理模式

将交通走廊绿化建设、水域生态走廊建设与农田整理规划结合，统筹考虑，增加走廊沿线景物的多样化，有助于河流泄洪和水陆生态系统的和谐共生。建设主要内容：一是将土地整理等与河流两岸的防风固沙林的建设相结合，做到因地制宜；二是搞好沿线耕地的植体覆盖工作，注重相关技术的推广和应用，防止耕地表土的扬尘发生；三是进行农田的景观设计，与现有的林地、园地有机结合，共同构筑生态多样性走廊，为沿途区县发展农业生态旅游业奠定基础。在有条件的地方，要逐步恢复原生河道，营造绵延弯曲的平原河流景观。

(6) 山前林果复合农业带的整理模式

通过一系列堤防护坡工程技术、沟道绿化治理工程、休闲亭建设、避雨亭建设和农田景观小品设计等，将山前地带建设成生态林果生产基地和特色明显的农业观光旅游胜地。

7.4 小结

北京市总体上已经进入城乡高度融合发展的历史阶段，居民对生活与居住的生态环境要求很高。因此，农业不仅是生产功能，其生态服务功能和景观文化功能日益显现，而且已经上升到主导功能。因此，农田整理就是要为这种都市农业功能的实现构建基础，为建设宜居城市服务。要根据区域农业的功能定位，因地制宜开展农田整理，采取彰显都市型农业功能的整理模式和建设方式。本章根据北京市水土资源禀赋、经济社会发展与生态环境保护需求，对区域农田整理工作做了科学定位，制定了符合实际的土地整理方向和整理模式，所提出的凸显农田生态功能和景观文化功能的北京市农田功能分区方案，可以实现耕地保护和宜居城市建设的双赢。

第 8 章 ▶

都市山区耕地演变的定量测度

土地利用变化是一个复杂的过程，受到自然、社会和经济等众多因素的影响，在短期尺度内主要取决于经济、技术、社会以及政治等方面的变化（Turner，1997），而土地政策是影响土地利用及生态环境变化的一个重要的驱动因素（谭永忠，2005）。我国的"耕地总量动态平衡"政策自实施以来，在制约各地对建设用地的盲目需求、提高集约利用水平、保护和补充耕地等方面发挥了一定的积极作用。但是，耕地的数量控制并没有达到预期效果，全国每年有约 20 万 hm^2 的优质耕地被建设占用，而通过土地开发整理、复垦新增的耕地质量无法与被占用耕地的质量相提并论，且耕地的质量与生态环境状况不容乐观（周小萍，2005；谭术魁，2003）。北京市是全国耕地面积减少最快的地区之一，耕地流失是北京土地利用变化的核心问题（李秀彬，1999；孙强，2007），在平原区土地资源日趋紧缺的情况下，对山区土地资源的开发是完成区域占补平衡的重要手段之一，而山区作为北京市的生态屏障和水源保护地，其区内的土地利用不但影响着山区的生态环境和社会经济的发展，而且也影响着平原区的水资源和生态环境安全，乃至全市的社会经济可持续发展。随着北京市进入后工业化阶段，北京对其山区内部的土地资源利用提出了更高的要求，即不仅要实现一定程度的农产品安全供给，而且要增加农民的收入，改善生态环境，实现社会经济的稳定和可持续发展（张凤荣，2007）。

关于耕地资源变化的研究，一直受到众多学者的高度重视，现有研究大都采用不同的数据和研究方法对耕地变化的态势、规律（邵晓梅，2007；张世友，2006；张国平，2003）、时空格局（蔡云龙，2009）、驱动力（李景刚，2004；刘纪远，2009；刘旭华，2005；杨桂山，2001）等方面进行深入研究，也有国内外学者将耕作系统和人口的变化作为驱动因素揭示了农业系统的动态关系（Maria Silvia，2009；Martha，2009），或对耕地与农业劳动力变化的耦合关系做了探讨（刘彦随，2010），以及研究农村劳动力转移量与耕地非农化量的时序变化特征（何如海，2006）。然而，已有的研究大都考虑耕地资源变化的空间转移过程，往往侧重于单要素分析，且研究尺度倾向于宏观把握，在微观层面尤其是村域尺度上还鲜有涉及，在经济因素及方法统筹整合方面考虑不足。农村居民收入的区域差异是城乡转型发展过程中出现的普遍现象（刘玉，2010），国内外学者已从不同的视角对其进行了广泛探讨（刘彦随，2007；孙新章，2004；Du Yang，2005）。但由于都市山区不同区域村庄的资源禀赋、经济条件与产业水平的差异巨大，致使农民收入的空间差异更加明显，相应地对区域耕地的利用也产生了较大的影响，正确分析都市山区农村居民收入的空间差异与耕地面积变化的作用关系，对于破解"三农"问题和推进城乡一体化进程具有重要的现实意义。

为此，本章以北京市山区区县——门头沟区为例，基于耕地资源动态数据库，设定切实可行的量化指标，探讨山区耕地资源变化的空间分异特征，刻画村域尺度耕地资源分布与利用的动态特征，分析人均分配收入与耕地资源利用的变化关系，提出区域耕地资源可持续利用策略与发展模式，为推动"宜居城市"建设，正确处理耕地保护与经济建设、农业结构调整与生态环境保护之间的关系提供科学参考。

第8章 都市山区耕地演变的定量测度

8.1 区域概况与研究思路

8.1.1 区域概况

门头沟区位于北京城区正西偏南,北纬 39°48′~40°10′,东经 115°25′~116°10′,北与昌平区、河北省怀来县为邻,西与河北省涿鹿县、涞水县交界,南与房山区、丰台区毗邻,东与石景山区、海淀区接壤。东西长约 62km,南北宽约 34km,总面积约为 1455km^2。

作为首都的生态涵养区,人们把门头沟称为"首都西部的天然屏障",全区可划分为中山、低山、河谷台地和洪积、冲积平原四种地貌类型,丰富的地貌类型造成的区域小气候和土壤差别,为门头沟区土地资源利用的多样性发展提供了基础。区内深山峡谷、广阔的绿色林木资源、众多的古刹名寺、极具特色的山野村落、众多的名优特农产品,以及生态化的人居环境,具有发展旅游业得天独厚的条件。

8.1.2 研究思路

为了揭示都市山区耕地演变的空间差异,在 ArcGIS10.2 的支持下,分别提取 2001 年、2011 年两期土地利用现状数据,做 10m×10m 栅格化处理,参照全国过渡时期土地分类标准,结合山区土地利用的特点和研究需要,通过地类的归并,将全部用地类型划分为耕地、产业结构调整地类(园地、牧草地、其他农用地等)、建设用地、林地、未利用地。考虑数据的可获得性和方便性,基于区域特点和研究尺度的需要,选取与耕地演化相关的地理因子:地形、距居民点的距离、距交通干线的距离。把耕地空间流向的数据与上述各因子数据叠加运算后,度量耕地演变的空间格局。并以村域数据为基础,分析耕地变化、农村人均收入的空间分异情况,全面衡量都市山区耕地利用与农民人均分配收入之间的耦合关系,探讨耕地演变的合理性。

8.2 耕地资源空间流向的定量分析

在门头沟区加快经济建设步伐和改善生态环境的过程中,耕地总量发生了很大的变化,耕地资源的变化是土地双向变化的结果。2001—2011年,全区耕地总面积由 2500.68hm² 减少到 1816.63hm²,其中,耕地转换为其他用地类型的面积为 1413.69hm²,通过产业结构调整、开发、复垦为耕地的土地面积为 694.28hm²,增减相抵后,全区耕地净减少 684.05hm²。耕地在空间上的演化使耕地与其他地类相互嵌套、交错,形成了独特的都市山区土地利用变化格局。本节从耕地资源流出和流入两方面入手,选取与耕地资源变化密切相关的坡度、距居民点的距离、距交通干线的距离作为定量测度的量化指标,力求准确测算都市山区耕地演变的空间分异特征,揭示都市山区耕地资源演变的空间机理。

8.2.1 耕地资源减少流向的分布与特征

将 2001 年耕地栅格分布图与 2011 年土地利用现状图进行空间叠加,得到 2001—2011 年耕地流出的空间分布情况。10 年间,门头沟区耕地由于农业产业结构调整、建设占用、撂荒、退耕还林而减少的面积依次为 921.16hm²、243.85hm²、99.26hm²、149.42hm²。其中由于产业结构调整而减少的耕地占据比例最大,达到 65.16%,其次是建设占用和生态退耕,分别占耕地流出总量的 17.25% 和 10.57%,还有 7.02% 的耕地由于利用效益低下被撂荒。

坡度是影响山区耕地资源变化的宏观地理背景,直接影响山区耕地流向的空间格局。从表 8-1 可以看出,产业结构调整在不同的坡度区间都不同程度地存在,其中有很大部分的耕地在产业结构调整中转化为效益较高的园地;0°~2° 是耕地流失最为集中的坡度区间,该区域有 417.33hm² 的耕地流出，占整个转换量的29.52%，其中因建设占用而减少的耕地为175.73hm²，说明大量优质耕地的流失是不可逆转的类型；为了增强门头沟区作为生态涵养区的功能定位，在"退耕还林"政策的影响下，15°以上的坡耕地退耕还林的面积占全部退耕还林面积的65.04%，同时，由于北京对实施退耕还林的农户进行补贴，在经济利益的驱动下，许多不符合退耕条件的耕地，甚至优质粮田也都被"退耕还林"，导致了部分耕地的不合理流失。

表8-1 2001—2011年门头沟区不同地形坡度下耕地资源减少流向

（单位：hm²）

耕地资源减少流向	地形坡度					单项合计
	≤2°	2°~8°	8°~15°	15°~25°	>25°	
农业产业结构调整	179.61	219.52	127.11	153.82	241.1	921.16
建设占用	175.73	21.77	20.02	16.27	10.06	243.85
撂荒	50.8	15.92	5.67	10.99	15.88	99.26
退耕还林	11.19	13.74	27.31	44.16	53.02	149.42
总计	417.33	270.95	180.11	225.24	320.06	1413.69

农村居民点是自然条件与经济社会发展综合作用下的产物，而耕地是农业劳动的主要对象。作为农民的定居场所，居民点的最初形成往往反映出耕作半径与耕地分布的相关关系。山区耕地由于受到山体、河流、沟壑及其他非耕用地的切割、分隔作用，耕地的空间分布与居民点呈现出更强的相关性。从表8-2可以看出，随着居民点向外围空间距离的增加，耕地流失率呈现持续下降的趋势，距离居民点500m内的耕地流失量为1042.72hm²，占全部流失量的73.76%，其中，因建设而减少的耕地为221.01hm²。其根本原因是在山区大部分的耕地都和居民点保持在一定的空间距离内，即维持一定的耕作半径，超出合理的耕作半径后，耕地分布的数量就急剧下降，在空间居民点与耕地上呈现出一定的共生现象。

从另一方面，也反映出居民点的无序扩展对耕作层的永久性破坏有很强的关联性，因此，如何处理好居民点布局与保护耕地的关系，是制定调控策略的关键。

表 8-2　2001—2011 年门头沟区距居民点不同距离条件下耕地资源减少流向

（单位：hm^2）

耕地资源减少流向	距居民点的距离					单项合计
	≤500m	500~1000m	1000~1500m	1500~2000m	>2000m	
农业产业结构调整	660.3	172.89	49.22	37.13	1.62	921.16
建设占用	221.01	18.51	0.69	2.95	0.69	243.85
撂荒	64.26	22.24	11.47	0.87	0.42	99.26
退耕还林	97.15	29.85	8.76	12.93	0.73	149.42
总计	1042.72	243.49	70.14	53.88	3.46	1413.69

道路作为信息、资源的传输廊道，具备通道、阻隔和物种过滤器等功能，道路的存在对于其两侧的耕地利用具有很大影响。由表 8-3 可以看出，在道路两侧 200m 等间距的缓冲范围内，耕地流失的数量先下降，随后略有上升。在距道路 200m 范围内，因建设占用而减少的耕地占全部建设减少耕地的 41.46%，超过 200m 的范围后，受道路影响的程度就显著降低；距离道路的远近也是耕作条件是否便利的重要因素之一，在交通干线超过 800m 的区域内，退耕还林的面积占全部退耕还林面积的 53.20%，其中耕作不便也是导致其退耕还林的重要原因。在表 8-2 和表 8-3 中，可以看出距离居民点、交通干线较近距离内撂荒的耕地面积占全部撂荒面积的比重较大，这说明即使在合理的耕作半径内，具有便利的耕作条件，如果利用效益不高，就会导致撂荒。

表 8-3　2001—2011 年门头沟区距交通干线不同距离条件下耕地资源减少流向

（单位：hm²）

耕地资源 减少流向	距交通干线的距离					单项 合计
	≤200m	200~400m	400~600m	600~800m	>800m	
农业产业结构调整	360.38	159.26	73.47	42.59	285.46	921.16
建设占用	101.09	35.46	37.64	30.52	39.14	243.85
撂荒	60.34	19.28	7.61	4.18	7.85	99.26
退耕还林	30.62	14.47	13.69	11.15	79.49	149.42
总计	552.43	228.47	132.41	88.44	411.94	1413.69

8.2.2　耕地资源增加来源的分布与特征

将 2011 年耕地栅格分布图与 2001 年土地利用现状图叠加，得到耕地流入的空间分布情况。10 年间，门头沟区通过产业结构调整、建设用地复垦、未利用地开发及林地调整而增加的耕地面积依次为 220.52hm²、1.81hm²、406.72hm²、65.23hm²。在"占补平衡"政策的影响下，对未利用地的开发是耕地增加的主要来源，占新增耕地的 58.58%，而对建设用地复垦而增加的耕地仅占新增耕地总面积的 0.26%。

从表 8-4 可知，新增耕地中大于 15°的坡耕地占新增耕地面积的 52.33%，在林地调整为耕地的过程中，有 52hm² 是大于 15°的坡耕地，一方面是"退耕还林"政策的实施，另一方面还存在将林地调整为耕地的情况发生，既表明了新增耕地整体质量状况不佳，也反映出相关部门规划的不协调。新增的耕地在距居民点 500m 外的空间占新增耕地总量的 73.66%，其中在 500~1000m 的新增耕地面积占全部新增耕地面积的 34.27%（见表 8-5），说明新增耕地整体上向居民点的外围空间扩散，即整体的耕作半径在增加。从表 8-6 看出，在未利用地开发为耕地的类型中，有 52.03% 的未利用地是在距交通干线 200m 范围内，说明便利的交通条件对未利用地开发具有重要的影响，但随着耕作距离的增大，农民的耕作成本被提高，在边缘效益的控制之下，由于耕作不便的新增耕地就很容易被弃耕。

表8-4　2001—2011年门头沟区不同地形坡度下耕地资源增加来源

（单位：hm²）

耕地资源 增加来源	地形坡度					单项 合计
	≤2°	2°~8°	8°~15°	15°~25°	>25°	
产业结构调整为耕地	29.69	33.50	51.54	65.45	40.34	220.52
建设用地复垦	1.09	0.28	0.11	0.13	0.20	1.81
未利用地开发	70.31	74.28	56.93	77.20	128.0	406.72
林地调整为耕地	1.16	3.01	9.06	22.87	29.13	65.23
总计	102.25	111.07	117.64	165.65	197.67	694.28

表8-5　2001—2011年门头沟区距居民点不同距离条件下耕地资源增加来源

（单位：hm²）

耕地资源 增加来源	距居民点的距离					单项 合计
	≤500m	500~1000m	1000~1500m	1500~2000m	>2000m	
产业结构调整为耕地	98.58	97.64	13.74	9.37	1.19	220.52
建设用地复垦	1.58	0.16	0.02	0.01	0.04	1.81
未利用地开发	66.31	121.26	94.26	84.68	40.21	406.72
林地调整为耕地	16.37	18.87	13.14	6.15	10.70	65.23
总计	182.84	237.93	121.16	100.21	52.14	694.28

表8-6　2001—2011年门头沟区距交通干线不同距离条件下耕地资源增加来源

（单位：hm²）

耕地资源 增加来源	距交通干线的距离					单项 合计
	≤200m	200~400m	400~600m	600~800m	>800m	
产业结构调整为耕地	48.63	20.08	20.91	19.85	111.05	220.52
建设用地复垦	0.94	0.43	0.21	0.09	0.14	1.81
未利用地开发	211.60	53.10	17.92	33.57	90.53	406.72
林地调整为耕地	1.33	10.89	9.87	6.33	36.81	65.23
总计	262.5	84.5	48.91	59.84	238.53	694.28

自然地理环境因素对土地利用格局起主导控制作用，由于社会经济的发展及国家有关土地利用政策的影响，使土地利用变化又呈现了次一级的区域分异特征。随着区域经济的发展，加之农业利用的比较效益低下，大量边际耕地被农民弃耕撂荒，许多陡坡耕地被退耕还林，还有一部分耕地调整为效益较好的园地，乃至都市农业用地，这种土地利用变化是符合山区资源条件、区域功能定位和经济社会发展规律的。但按照现行土地利用现状分类，从"用途"上不再被分类为耕地，受国家耕地保护政策制约，却由开发山区的所谓的后备耕地资源来完成区域内的耕地占补平衡任务。这导致了耕地"占优补劣"和"基本农田上山、下（河）滩"现象的出现，既造成了过程性浪费，也形成区域耕地保护和土地资源合理利用难以调和的现实矛盾。

8.3 村域耕地资源分布与利用的动态特征

随着产业结构调整和宏观经济形式的变化，门头沟区农民的收入水平不断提高，而产业结构的调整和社会经济的发展往往与耕地的数量变化有很强的依存关系，在传统种植业对农民吸引日趋衰退的都市山区，市场经济的调节对耕地利用具有很强的导向作用，耕地数量的变化与农民人均分配收入的变化有密切的关联。弹性系数作为衡量一定时期内相互关联的两个指标变化速率的比值，可以有效地表达一个变量的变化对另一个相关变量变化的影响程度。本节基于村域数据度量耕地数量变化对农民人均分配收入增长的弹性系数，揭示耕地数量变化的方向及相对速率对农民人均分配收入变化的影响，进而评判耕地资源变化的合理性。

$$FRE_{ij} = \frac{(F_{ij} - F_{i0})/F_{i0}}{(R_{ij} - R_{i0})/R_{i0}}$$

式中，FRE_{ij} 表示 i 村庄 j 年的耕地数量变化对农民人均分配收入变化的弹性系数；F_{ij}、R_{ij} 分别为 i 村庄 j 年的耕地数量和农民的人均分配收入；F_{i0}、R_{i0} 分别为 i 村庄基年的耕地数量和农民人均分配收入。

在非农就业机会不充分的山区，任何形式的耕地利用变化，都会对农民的分配收入产生影响。首先，农民经营耕地本身就可以获得一定的收入；其次，产业结构调整是在市场调控下的一种经济行为，而退耕还林可以获得财政补贴。适量的耕地转化为建设用地是经济社会发展的必要代价，整体经济的发展也可以提升区域农民的收入。虽然撂荒是耕地利用的不良现象，但却是农民作为理性的经济人寻求更大经济利益的结果。为此，可将耕地的数量变化对农民人均分配收入变化的弹性系数作为衡量耕地资源演变合理性的评判依据。具体而言，在耕地减少的村庄，若耕地减少的速度慢于农民人均分配收入增加的速度，则为理性减少；若耕地减少的速度快于农民人均分配收入增加的速度，则为非理性减少。在以上的分析中，可知新增耕地整体的质量状况并不理想，大都属于边际土地，在此情况下，若耕地增加的速度快于人均分配收入增加的速度，即耕地的增加并未给农民分配收入带来显著的提升，说明这种增加为非理性增加；反之，则为理性增加。

8.3.1 村域耕地面积变化的特征

2011年门头沟区全区共有183个村庄、街道办，考虑数据对比及综合分析的需要，最终选取164个村庄作为研究对象。将2011年村庄耕地与2001年对比后，发现研究单元中有41个村庄的耕地呈现出增加的情形，有123个村庄的耕地与2001年相比出现了减少。耕地面积总量增加较多，且增加幅度较大的村庄主要分布在斋堂镇沿河城村、清水镇上清水村、雁翅镇大村等后备耕地资源丰富的村庄；清水镇天河水村、王平镇南涧村等村庄，虽然增加总量不大，但是由于2001年耕地面积较小，所以增长幅度较大。耕地减少的村庄占村庄总数的67.21%，其中，斋堂镇灵水村、永定镇上岸村等村庄的耕地流失较多，而妙峰山镇上苇甸村、斋堂镇马兰村等村庄，在2001年还有相当数量的耕地，2011年时耕地则完全流失。

8.3.2 村域人均分配收入的变化特征

门头沟区农村居民人均分配收入水平差异显著，2001年全区人均分配收入为3748元，收入最高的永定镇冯村为12381元/人，收入最低的清水镇天河水村仅为1987元/人。随着区域经济的发展，门头沟区农民人均分配收入持续增长，由2001年的3748元/人增至2011年的7873元/人，极差值由2001年的10394元增加到2011年的23396元，标准差由1292.1扩大到3215，同样，反映人均分配收入差异指标的极值差率和变异系数也都呈现出扩大的趋势（见表8-7），说明门头沟区农民人均分配收入的相对差异在日趋扩大。从空间上来看，永定镇、潭柘寺镇附近村庄的人均分配收入的增加幅度整体较快，西北深山地区村庄的人均分配收入增长相对较慢。

表8-7 2001年、2011年门头沟区不同村庄农民人均分配收入统计

年份	均值/（元/人）	极差值/（元/人）	标准差	极值差率	变异系数
2001	3748	10394	1292.1	6.23	0.345
2011	7873	23396	3215	7.23	0.408

8.3.3 村域耕地变化与人均分配收入的耦合特征

山区土地的利用现状是经济社会发展与自然资源条件制约长期协调的结果，特别是与人类关系密切的耕地分布有其固有的规律，人们总是先开垦自然条件和社会条件好的土地，开发陡坡地是因为没有适宜的平缓地可供开垦，不得已而为之。正确协调耕地利用变化和农民收益增减的比例关系，是保障区域农业有序发展的重要前提。通过分析得知，$FRE>1$的村庄有14个，即该类型村庄耕地的快速增加并未能带来农民收入的显著提升，

作为北京市的生态涵养区,若区内耕地的快速增加不仅不能显著提升农民的收入,反而容易导致区域生态环境的退化,该种情况耕地增加就是非理性的增加;$0<FRE<1$ 的村庄有 27 个,该类村庄通过适量的增加耕地,换来农民收入的显著提升,在区域的生态环境没有被损坏的情况下,该类型村庄耕地的增加可以看作是一种理性行为;$-1<FRE<0$ 的村庄有 87 个,该类村庄以少量的耕地流失为代价,带来农民人均分配收入的大幅度提升,如果流失的耕地并非转向建设占用,则该类减少就是理性的减少;$FRE<-1$ 的村庄有 36 个,该类型村庄,耕地大幅度流失,而农民分配收入增加却不明显,耕地撂荒主要分布在该类村庄。

8.4 小结

1)在北京市门头沟区,0°~2°的坡度区间是耕地流失最为集中的区域,在经济利益的驱动下,部分优质耕地被进行了"退耕还林",由此导致了耕地资源的不合理流失。居民点与耕地在空间上呈现出一定的共生现象,随着居民点向外围空间距离的增加,耕地流失率呈现持续下降的趋势;新增耕地以未利用地开发为主,且整体的耕作半径在增加,由于耕作不便,新增耕地很容易被弃耕。正确协调耕地利用变化和农民收益增减的比例关系,是保障区域农业有序发展的重要前提,为此,可将耕地的数量变化对农民人均分配收入变化的弹性系数作为衡量耕地资源演变合理性的评判依据。

2)随着人们生活水平的提高,人们膳食结构发生了较大的变化,非谷物的农产品(如水果、牛奶、蔬菜、鱼、畜禽类产品)需求增大,目前仅着眼于对耕地的保护,使粮食安全战略明显走偏。为此,迫切需要在理顺现有政策的前提下,按照"大国土,大食物"的理念,建立一套既具有都市化山区特色,又与区域功能定位和土地资源利用相融合的国土资源管理体系,严格限制农用地非农化的空间和规模,把不破坏耕作层的农业产业结构调整看作为耕地或基本农田进行保护，将传统的耕地保护上升到对农地的保护，拓展耕地保护内涵，最大限度地协调经济发展与耕地保护的矛盾。同时，从耕地生态价值及发展权价值方面考虑，建立合理的发展权转移支付体系，配套相关的政策，对农户进行合理补偿，以促进社会公平。

3）农地利用的效率低下，是农地非农化的主要根源，也是耕地保护工作长期被动的根本原因。为此，需要把农民增收、农业增效作为根本的出发点和落脚点。通过土地整治，优化农村居民点的空间布局，加大基础设施建设，改善农村人居环境，降低居民点无序扩展对周边耕地的胁迫作用，增强对山区优质耕地资源的保护。在都市山区要以土地整治为契机，结合特殊的人文自然景观，发展山区民俗旅游、生态旅游和农业观光休闲旅游等产业，扩大就业容量，引导农业劳动力合理转移，促进农业规模经营，提高农业劳动生产率，提升农地利用效益，从而构建和谐的人地关系，增强区域农业与乡村可持续发展能力。

4）受到数据资料的限制，未能从耕地变化的生态环境效益方面进行深入探讨，仅用耕地数量变化对农民人均分配收入增长的弹性系数这一项指标来衡量耕地资源变化的合理性。由于农户的土地利用受多种因素的影响，所以农户对耕地的利用目标也具有多样性，如在一些人均耕地面积较少的山区，农民经营耕地的目的不一定是增加收入，获取口粮是其主要目标，在此情况下，仅用经济指标就不能对耕地资源的利用变化情况进行有效的解释和说明，所以进一步探究农户对耕地利用的意愿，有助于全面了解耕地资源演变的规律，这是需要进一步深化研究的方向。

第 9 章

耕地的多目标空间布局研究

土地适宜性评价是评定土地用于农作物种植的适宜性程度的过程（朱德举，2002）。国内的土地适宜性评价研究大多分析土地的自然属性对某种用途的适宜程度（于婧，2006；郑宇，2005；侯华丽，2005；谢春树，2005；张友焱，2003）。随着社会、经济因素对土地利用影响的加强，土地的经济适宜性评价也见诸文献（张迪，2004；俞艳，2008；李春越，2005）。人们对土地功能的认识也在不断加深，耕地利用不仅有经济效益，更有生态效益和社会效益（蔡云龙，2005），甚至还有历史文化承载和认识价值、道德价值和审美价值等价值或功能（俞奉庆，2004）。土地利用的空间布局合理与否取决于土地利用方式与土地自然构成要素空间分布的合理程度，即土地利用是否与土地自然要素的客观要求相一致（刘彦随，1999）。将土地的自然、社会、经济要素以及生态功能因素纳入评价体系，充分考虑土地的各种功能，进行适宜性评价能够更准确地反映土地的宜耕性。

9.1 研究的思路

耕地大都具有较强的多宜性，同一块耕地既适宜农用，也适宜建设用地和生态环境用地，因此土地适宜性评价的主要任务在于确定是否适宜某种土地用途。并不是所有的土地资源都能够满足作物生长所必需的条件，因为作物生长要求一定的光、温、水、肥和扎根等条件。在市场经济条件下，耕地利用不但取决于耕地自然条件的适宜性，而且还受区域经济发展水平及耕地利用经营效益的制约，当农民经营耕地的机会成本增大时，自然宜耕的耕地就会变成不宜耕种，甚至出现耕地撂荒行为。随着社会经济的发展，人类受自然资源约束的状况日益凸显，多功能性是所有形态农业的本质特征（张立生，2001）。耕地在维护生物多样性、调节气候、营养物质储存与循环、降解有害有毒物质、减轻自然灾害等方面有着重要作用，体现其生态功能。北京作为一个大都市，合理定位耕地的功能，充分发挥农田绿色空间，对于促进资源环境和社会经济的协调与可持续发展，实现"宜居城市"具有重要的意义。

在耕地适宜性评价中，综合考虑土地自然因素和社会经济因素对土地利用的影响，充分结合北京市实际情况，首先构建耕地自然适宜性评价指标体系，在自然适宜性评价的基础上，建立经济适宜性修正体系和生态适宜性修正体系。并根据耕地不同的目标定位，划分耕地的适宜性分区，为耕地的时空布局提供基础信息。

9.2 耕地多目标适宜性评价

(1) 耕地的自然适宜性评价

根据北京市 2011 年土地利用变更调查数据，2011 年年底北京市共有耕地 2321.8km^2。耕地的形成与分布是自然条件与社会经济相结合的历史产物，耕地由于受到许多自然条件的限制，所以现实存在的耕地，不一定都具有自然适宜性。一方面，现状耕地分布是土地用途空间竞争的结果，反映了使用土地的基本原则；另一方面，也体现了人们对有限土地资源的优化配置，需要理性地把最稀缺的资源用到最需要的地方。遵循反映土地质量的全面性、代表性、主导性、稳定性和简单易获取性等原则，同时结合专家观点并考虑到北京的实际情况，选择土壤质地、地形坡度、土层厚度、土壤有机质、土体构型作为耕地自然适宜性的评价因素。为了判断现有耕地自然宜耕性的程度，构建耕地自然因素适宜性评价指标体系。

1) 自然适宜性评价指标体系

①地形坡度。土地坡度越大，水土流失引起土地退化的可能性就越大，土壤层、养分和水的保持程度也越差。地面坡度不仅是划分各种农用地的依据，也影响着机耕的使用，是影响土地适宜性的一个重要因素。根据国家山区水土保持标准，耕地坡度大于25°为暂不适宜的临界值。

②土壤质地。土壤质地对土壤的通气透水性、保水保肥性、耕作性状、养分含量，以及作物的综合反应都有很大的影响。北京市土壤质地差异也很大，砂土、壤土、黏土均有分布，质地是影响耕地质量的重要因素之一。

③土层厚度。有效土层厚度是指土壤层和松散的母质层之和，土层深厚有利于植株的生长发育，土层越厚，其保水保肥效果就越好。

④有机质含量。土壤有机质含量的高低影响土壤的肥力水平，而且影响土壤的物理性质，增强土壤保肥性和缓冲性，并可促进团粒结构的形成，改善物理性状。

⑤土体构型。土壤发生层有规律地组合、有序地排列。状况良好的土体构型，土层深厚，无障碍层。

2) 因子评分及权重的确定

评价因子的标准、分值和权重的确定是整个评价过程最核心的内容。自然适宜性评价值一般分为5级，用5、4、3、2、1代表适宜程度的高低。根据实际情况和已有的数据资料（张凤荣，2005），采用经验法确定评价因子的分级指数，并根据评价指标对耕地自然适宜程度的重要性确定权重系数。根据评价因子对耕地自然适宜的影响程度，采用定量与定性相结合的方法对各个因子进行分级量化（见表9-1）。

第9章　耕地的多目标空间布局研究

表 9-1　耕地自然适宜性评价因子分级指标、分值及权重

评价因子		因子分级及分值					权重
		1级	2级	3级	4级	5级	
土壤质地	分级	中壤	轻壤	重壤	砂壤	砂质	0.20
	分值	5	4	3	2	1	
地形坡度	分级	<2°	2°~5°	5°~8°	8°~15°	>15°	0.30
	分值	5	4	3	2	1	
土层厚度	分级	>150cm	100~150cm	60~100cm	30~60cm	<30cm	0.25
	分值	5	4	3	2	1	
有机质含量	分级	≥4.0	3.0~4.0	2.0~3.0	1.0~2.0	≤1.0	0.10
	分值	5	4	3	2	1	
土体构型	分级	通体壤、壤/黏/壤	壤/黏/黏、壤/砂/壤	黏/砂/黏、通体黏	砂/黏/砂、壤/砂/砂	其他	0.15
	分值	5	4	3	2	1	

（2）耕地的经济适宜性评价

耕地的自然适宜程度对耕地经济利用的影响很大，耕地自然适宜性较高的区域也是高产稳产田多的区域，以同样的投入可以得到较高的产出，自然适宜程度较低的耕地存在限制因素，即使同样投入，产出较低。因此，在自然适宜性评价的基础上，通过建立评价修正指标，确定耕地的经济适宜性。耕地的经济适宜性是耕地利用的一个经济特性，它反映社会平均生产的相对获益程度。北京作为世界性的大都市，经济发展水平较高，但在区域内部的差距依然很大，尤其在郊区不同区位农村的社会经济发展水平差异明显。结合北京市的实际，在对耕地的经济适宜性进行评价时，充分考虑不同耕地的收益、影响耕地利用的经济因子，以及相关农业规划对耕地利用效益的影响，选择耕地利用类型、耕地整理规划和耕地区位分布等因素，构建耕地经济适宜性评价修正体系。

1) 经济适宜性修正指标体系

①耕地利用类型。按照过渡期间全国土地分类标准,将耕地分为灌溉水田、旱地、望天田、水浇地和菜地等五类,实现了对耕地细部生产能力定量评价。结合北京市耕地现状,菜地和水田的单位生产能力较高,所以对其经营收益相对较高,水浇地次之,而旱地的单位生产能力较低。

②耕地整理规划。北京市耕地整理规划是从建设"宜居城市"的目标出发,充分利用现有的耕地资源,发展生态农业、绿色农业和旅游观光农业,为实现农民增收,因地制宜地确定耕地在空间上的配置计划。耕地整理规划将保护耕地的生产功能与城市规划紧密结合,北京市耕地整理规划,基本包括了规划的九大基本农田保护区,是对耕地建设的纲领,不同的功能区内,对耕地建设投入的力度和方向也不一样,因此耕地整理规划对耕地的经济适宜性影响较大。

③耕地区位分布。围绕北京中心城区,现已形成了三个不同的农业圈层(张凤荣,2007)。在距中心城区较近的第一圈层,整体的经济发展水平及农民的就业机会较高,农民经营耕地丧失的机会成本较高,从事农业生产的意愿相对较低,耕地的经济适宜性相对较差;而位于远郊农业圈层的农业经济活动占有明显优势,经营耕地是当地农民的主要收入来源,耕地的经济适宜性较强;位于山区的第三圈层,功能定位为生态涵养,其经济适宜性最差。

2) 因子评分及权重的确定

考虑规划因子对经济适宜性的影响,结合北京市的实际情况,对评价因子进行分级,用5、4、3、2、1代表耕地经济适宜性的高低,对经济指标进行量化分级,对于分级较少的因子,可采用除去4、2等中间值的处理方法,采用层次分析法确定经济因素的权重(见表9-2)。

表 9-2　耕地经济适宜性评价修正因子分级指标、分值及权重

评价因子		因子分级及分值					权重
		1级	2级	3级	4级	5级	
耕地利用类型	分级	菜地	灌溉水田	水浇地	—	旱地	0.290
	分值	5	4	3	—	1	
耕地整理规划	分级	规模农田区	景观廊道带	景观绿化区	美化农田区	生态涵养区	0.463
	分值	5	4	3	2	1	
耕地区位分布	分级	第二圈层	—	第一圈层	—	第三圈层	0.247
	分值	5	—	3	—	1	

(3) 耕地生态适宜性评价

与各种自然植被、湖泊和沼泽等相类似，耕地生态系统具有重要的生态服务功能（杨志峰，2004），在生物多样性的产生与维持、气候的调节、营养物质储存与循环、环境净化与有害有毒物质的降解、自然灾害的减轻等方面发挥着重要作用。耕地作为人工生态系统，由于接受了更多的物质投入，是一个快速物质循环的高生产性生态系统，其生物生产量比林木和草坪大得多；与同面积的林木和草坪相比，农作物发生光合作用吸收的二氧化碳和释放的氧气，也要多得多。从这种意义上说，耕地的生态服务功能可能还优于林地和草地生态系统（张凤荣，2005）。

北京市城市总体规划提出将农田纳入绿色空间规划，以河流、农田林网为脉络，通过绿化隔离地区的完善，实现各级绿化系统的有机联系，从而达到绿地空间布局上的均衡、合理配置。因此，北京市耕地生态适宜性评价的目的是为服务北京市"宜居城市"建设，耕地生态适宜性评价指标体系的构建，以促进城市及区域生态环境向可持续生态系统演变，在自然适宜的基础上，将河流、地表水源、地下水源保护和城市规划相结合，以期实现耕地资源配置的生态高效。

1) 生态适宜性修正指标体系

①城市规划耕地分布区域。根据北京市城市发展空间战略规划，在北京市各组团间划定一定面积的成片农田，以农田为绿色开敞空间保持各组团之间的隔离，以遏制城市的无序扩展，在两道绿色隔离带之间的农田应该给予重点保护。为了实现耕地保护同改善城市生态紧密结合，城市扩展与乡村、人与自然的和谐发展，城市规划不同区域的耕地所体现的生态功能也有所不同。

②河流缓冲区。河流在提高城市景观质量、改善城市空间环境、调节城市温度湿度、维持正常的水循环等方面起着重要作用。把耕地作为河流两岸的缓冲带，建设开阔的绿色空间，提升城市品位，以期实现"自然—人类—水体"的可持续发展，增强北京市可持续发展能力。

③地下水资源保护区划。城镇建设用地容易把土壤资源密闭利用，从而影响地下水的补给渗透。重视城市地下水源的保护，把耕地作为地下水源补给的有效途径，根据北京市划定的地下水补给防护区，对不同区域的耕地给予不同的保护力度。

④饮用水源缓冲区。北京市城市总体规划将地表水源一级保护区划入禁止建设地区，将地表水源二级保护区列入限制建设地区，对于列入保护区的耕地应当控制建设利用，加大生态基础设施建设，加强对耕地利用的监管，避免由水源污染而导致的生态环境风险。

2) 因子评分及权重的确定

对耕地生态适宜性评价因子的分级，采用与经济适宜性评价相同的处理方法，具体见表9-3。

表9-3 耕地生态适宜性评价修正因子分级指标、分值及权重

评价因子		因子分级及分值					权重
		1级	2级	3级	4级	5级	
城市规划耕地分布区域	分级	绿化隔离带	规划农田	新城规划区	边缘城区	中心城区	0.317
	分值	5	4	3	2	1	

续表

评价因子		因子分级及分值					权重
		1级	2级	3级	4级	5级	
河流缓冲区	分级	<200m	200~400m	400~600m	600~800m	>800m	0.178
	分值	5	4	3	2	1	
地下水资源保护区划	分级	地下水源补给区	—	地下水源防护区	—	其他区域	0.208
	分值	5	—	3	—	1	
饮用水源缓冲区	分级	地表水一级保护区	地表水二级保护区	地表水三级保护区	其他区域	—	0.297
	分值	5	4	3	2	—	

9.3 评价结果与分析

根据评价图斑的属性数据，结合上述评价体系，确定每个评价单元各个因子的得分，然后通过指数加权模型计算每个评价单元的总得分，计算方法见式（9-1）：

$$S = \sum_{k=1}^{n} w_k v_k \quad (9\text{-}1)$$

式中，S 为评定单元综合评定分值；n 为评价因子数；w_k 为第 k 个评价因子的权重；v_k 为第 k 个评价因子的量化分值。

将分别计算出的每个单元综合适宜总分作为评价单元适宜性等级划分的依据，对各单元得分的分布情况进行统计分析，通过各评价单元总分的频率直方图划分各级适宜性级别区间，确定各单元的适宜性等级。

(1) 自然适宜分区及面积

自然适宜性程度高的耕地主要分布在顺义东部、通州南部、房山东南部、平谷西南部以及延庆平原中部，这些区域地势平坦，土层深厚，大部分属于高产稳产的农田，面积大约为 1207.65km²，占现状耕地总面积的52.01%。自然适宜性中等的耕地主要分布在大兴中南部、密云南部及延庆平原的周边地区，大兴中南部的土壤以细沙壤、沙壤为主，土壤保肥、保水能力差，密云南部区域土壤黏性较大，耕地利用存在一定的限制因素，中度适宜的耕地面积大约为 920.16km²，占总面积的 39.63%。自然适宜性低的耕地主要分布在怀柔、密云、延庆和房山等浅山盆地，土层较浅、坡度较大，地块小而分散，约为 193.99km²，占总面积的 8.36%。

(2) 经济适宜分区及面积

在自然适宜性评价的基础上，通过耕地经济因素适宜性参评因子的修正，获得耕地经济适宜性空间分布图。耕地经济适宜性程度高的区域主要分布在房山东南部、大兴南部、通州南部、顺义西北部、顺义东部、平谷南部以及延庆平原，面积为 1077.86km²，约占现状耕地面积的46.42%。以上区域基本上与北京市划定的九大基本农田保护区域重合，该区域经济发展水平落后于六环之内，区域内耕地的自然适宜性比较高，该地区的农民以农地收入作为维持最低生活水平和抵御社会风险的主要手段，农地起着对农民的社会保障功能。经济适宜性中等的耕地主要分布在中心城区的周边六环以内的顺义南部、通州西部、大兴西北部、昌平南部等区域，以及六环之外的密云南部、延庆平原的边缘地带，面积为1002.55km²，约占现状耕地面积的 43.18%。位于六环之内的农民有较高的非农就业机会，耕地的经济功能体现较弱，农民对经营耕地的积极性不高。而其他区域的经济适宜性不高是由于耕地的自然适宜性不高，导致耕地的利用效益相对较低。经济适宜性低的耕地主要分布在怀柔、密云等地，面积为241.39km²，区域耕地自然适宜性低，并且大部分为旱地，耕地的经济收益较差，经济宜耕程度低，因为靠近中心城区的农民的非农收入较高，耕地容易撂荒，所以在中心城区周边区域也存在少量的耕地，属于经济不宜耕。

(3) 生态适宜分区及面积

在自然适宜性评价的基础上，通过耕地生态适宜性参评因子的修正，获得耕地生态适宜性空间分布图。北京市土地利用总体规划已经将耕地，特别是基本农田纳入城市绿色空间，给予特殊保护。北京市耕地的生态适宜性分布空间受到培肥区划、地下水源补给保护、饮用水源保护等因素影响，分布相对比较分散，基本与自然适宜性空间分布相一致。耕地生态适宜程度高的区域面积为1170.46km²，约占现状耕地面积的50.41%；中度适宜的区域面积为1044.25km²，约占现状耕地面积的44.98%；低度适宜的区域面积为107.09km²，约占现状耕地面积的4.61%。耕地的生态适宜性主要体现在耕地是城市绿地系统的重要组成部分，承担着重要的降温供氧、消纳有害物质的功能，耕地生态功能的发挥首先与耕地的自然属性有关，因此自然适宜程度低的耕地，其生态适宜程度较弱。

9.4 不同发展阶段的耕地适宜性

耕地是人类生存的基础，为人类提供绝大部分的农产品，同时也是多种轻工业原料的来源。在经济发展前期，耕地作为农民收入来源的主渠道，耕地利用的首要目的是解决食物来源，体现其生产效益。耕地是农民最基本的"生存资料"，当农民没有足够的非农就业机会和健全的社会保障体系时，在很大程度上必须依靠农地上的收获物来供给基本生活资料，以农地收入维持最低生活水平。

随着农民非农收入的提高，农民对耕地的依赖程度有所降低，但是农民的农业生产经营和进城打工等都面临着市场的考验和选择，其收入和就业的预期更加不稳定，耕地已成为农民应对风险的最后屏障，耕地的社会承载功能对他们来说就更加重要（霍雅勤，2004）。同时，在农业科技还没有重大突破的情况下，必须要有稳定的一定数量和质量的耕地做保障，以稳定和提高粮食生产能力，保证国家的粮食安全。耕地的社会保障功能在一定程度上体现了耕地的社会价值和社会效益。

耕地的生态服务功能是在社会经济持续发展、人们生活水平提高，以及人们对于自身、人文景观和自然风物相互关系认识不断深化的背景下，由农田的固有生产功能衍生的或逐渐被意识到的功能，也将是备受重视的功能。随着城市的发展，资源稀缺成为制约城市发展的首要因素，耕地的多功能性体现得越来越明显，与传统的生产型相比，耕地的社会保障功能和生态功能，在不同的地区有着不同的表现形式，并且比重明显上升。将耕地纳入城市绿色空间系统，有助于耕地多功能的实现，保护城市的生态环境。

经济效益型的利用模式下，经营耕地的过程中需要常规生产性投入，使作物的土地适宜性不断提高；在大城市郊区，社会保障体系还不健全，耕地所承担的社会保障功能远远大于耕地的生产功能，合理布局现有耕地资源对于保障社会经济持续发展具有重要的现实意义。

现阶段，北京市内任何形式的耕地利用都存在着生产、生态和社会保障功能的有机统一，为实现不同发展阶段下的耕地资源优化配置，体现耕地多目标适宜的弹性空间，考虑在不同的发展及投入水平下，设计了经济效益型、社会效益型和生态效益型三种方案的权重比较不同利用目标下耕地的适宜性面积（见表9-4和表9-5）。

表9-4 多目标适宜的权重确定方案

因子	生产效益型权重	社会效益型权重	生态效益型权重
自然因子	0.5	0.2	0.3
经济因子	0.3	0.5	0.2
生态因子	0.2	0.3	0.5

表9-5 多目标适宜级别及面积分布

(单位：km^2)

方案	高度适宜面积	中度适宜面积	低度适宜面积
经济效益型	1301.96	931.75	88.09
社会效益型	1087.45	1097.97	136.38
生态效益型	1028.71	1186.84	106.25

9.5 小结

为了满足北京市经济发展要求进行新增建设用地布局时，应充分考虑区域耕地的多功能性和区域发展的不平衡性，根据适宜性评价的结果，结合城市规划慎重选择。目前，北京市的农业产值仅占国民生产总值的1.1%，耕地利用的经济效益不高，耕地利用主要体现在社会效益和生态效益方面。结合北京市的实际情况，应该把耕地保护同改善城市生态紧密结合，最终实现统筹城乡，城市与乡村、人与自然的和谐发展。任何形式的耕地利用，必须对其进行投入，在不同社会经济发展水平下，对耕地的投入水平也有差异。在生产型的利用阶段，对耕地的投入主要是生产过程中的常规性生产投入；在社会保障型的利用阶段，除了常规性的投入以外，对耕地的投入应该体现养老保障、医疗保障和再就业保障方面的价值，这就需要政府加大农田基本建设的力度，加大对耕地利用的补贴，促进社会稳定与和谐发展；在生态型的利用阶段，由于耕地作为生态服务功能用地而丧失的机会成本必须由全社会承担，因此，除了以上方面的投入还应该设立专门财政生态保护基金，作为把耕地纳入生态环境保护的补偿。目前北京市的城市发展已经进入后工业化阶段（张凤荣，2007），政府有雄厚的财力进行耕地保护和农田基本建设投入，将耕地作为绿色空间来对待，对耕地的要求就不再是单纯的生产功能，更主要的是其生态服务功能和景观文化功能，对"宜居城市"建设发挥作用。同时北京市内部存在区域发展不平衡，远郊地区的耕地承担着较大社会保障功能，在制定城市用地规划时应给予充分考虑。

农村居民点整治篇

第 10 章

北京市农村居民点整治的策略研究

农村居民点整治规划从保护耕地、保护生态和改善农村居住环境角度出发，按照整个城市发展的框架进行农村居民点整治工作；以循序渐进和因地制宜为原则，合理把握城镇化进度，制定综合性的配套政策，积极稳妥地推进。统筹考虑城市建设用地扩展和耕地保护，加大土地整理力度，通过退宅复耕和归并零散农田，维持耕地的动态平衡，促进农业规模化和产业化；综合生态适宜性工程地质、资源保护等方面的因素，科学合理地确定整理模式、规模和强度；农村居民点用地的调整应有利于适度集中，结合城市化水平的提高，按照"布局集中、用地集约、产业集聚"和"村镇规模化、工业园区化、就业城市化"的原则，通过调整，改变用地粗放、浪费和无序的格局，逐步减少人均用地面积超标情况，使之达到比较合理的水平。

要把农村居民点调整放在全市城乡一体化发展的大盘子里统一考虑，打通城乡生产要素合理流动的市场渠道，促进农村的劳动力、土地等生产要素和城市的人才、资本和技术等生产要素双向流动和有效组合，实现工业对农业、城市对农村的反哺。统筹城乡产业结构，使城市的产业布局与农村二、三产业的发展合理分工，形成紧密的产业互动链条，由城市二、三产业带动农村二、三产业，由农村二、三产业的发展，推动城市产业层次的提升。构筑产业结构布局合理、市场体系完善、政策制度一体、信息资源共享、交通体系完备的区域经济共同体。按照合理的标准，保持适量的产业发展用地和公共用地，加强农村的区域性和社区性基础设施建设，加快改善农村居住条件。同时，要积极推进农村集体建设用地流转制度和征地制度改革，充分尊重农村集体和农民的财产权，建立合理的利益分配机制，确保农村集体经济组织和农民的利益。要在保证农民不降低生活水平的前提下进行调整。农村居民点内部调整要遵循自愿自主的原则，控制征地规模和范围，完善征地程序和补偿机制，探索并推广经营性建设项目，如采用吸收农民土地承包权入股的方式，通过股份制让农民分享经营项目长期而稳定的收益。

本章在分析北京市农村居民点用地功能演化的基础上，根据不同区位居民点受限的程度和发展受到的驱动力，探讨居民点在空间上的稳定程度，引导居民点整理的空间次序；并根据区域经济发展水平与农民就业分布情况，结合区域功能定位，提出不同功能区内的居民点整理模式，从而实现农村居民点整理的优化布局。最后基于研究的需要，选择平谷区作为研究案例，探讨城乡一体化背景下的农村居民点用地布局整治类型，并结合区域规划提出平谷区居民点整治的优化布局方案。

10.1 农村居民点用地的功能及其演化

10.1.1 农村居民点的功能

农村居民点内的主要生活功能包括：就寝、起居家庭的日常交流，待客、文化交流、学习，家务劳动、就餐、炊事、储存、洗浴、装饰、洗衣及日常生活用品的存储等。生产功能主要指从事乡村工业生产和宅基地内部的一些庭院农业生产及其相关辅助活动，比如，宅院内种植少量果木、蔬菜及其经济作物等，柴草、秸秆的临时堆放，生产工具的存放，畜禽养殖圈舍的设置等。收益功能包括居民自有房屋的出租或者用作工商用地。

第10章 北京市农村居民点整治的策略研究

从整体上讲，结构和功能是任何一个系统都存在的两种属性。一定结构的系统与环境相互作用时形成一定的功能，系统功能指系统与外部环境相互作用的能力，是系统与外部环境交换物质、能量信息的能力。结构和功能相互联系、相互影响。功能是结构的外在表现，对结构有反作用；结构是功能的基础，系统的结构决定系统的功能，有什么样的结构就有什么样的功能，不同的结构可以发挥不同的功能，改变结构就有可能改变功能。农村居民点的一定功能对应着一定的用地空间结构，用地结构的变化可以用来衡量功能的演变。

10.1.2 农村居民点功能的演化

一般说来，农村居民点内部用地的服务设施用地包括银行（信用社）、邮局、敬老院、派出所和变电站等；工商企业用地包括专门用于工业、商业用途的土地。不同的经济社会水平下，不同区域农村居民点用地结构存在一定差异。农村居民点内部较为明显的用地特点是工商企业用地和服务设施用地面积的变化。产业的发展必然带来用地方面的诉求，乡村工业在农村喷薄而出，当家庭住宅已无法满足生产需要之后，村庄内部用地构成中出现了企业用地，并随着第二产业的不断变化而发生面积上的不断变化。而且，第二产业以及由此带动的其他非农产业的发展，为农村中的相关经济组织及农民个人积累了财富，同时使他们的消费需求与能力也不断增加，在消费方式、休闲方式和交往方式等方面逐渐趋同于城市居民，使农村居民点内部增加文化娱乐等公共设施成为居民的共同愿望。于是这就促进和刺激了农村社会事业的发展，一些相应的公共建筑和设施，如文化活动中心、体育场、邮电局、敬老院，将成为农村居民点新的构成要素，进而带动了第三产业发展。并且，村庄的富裕也使村庄有了足够的资金投入社会事业中，特别是教育、医疗和文化娱乐事业，服务设施用地随之增加。农村居民点作为当代新社区，其功能将得以逐步完善。因而第三产业水平也往往与居民点内部服务设施用地面积正相关。专业化生产工具如代耕代播代收的专业机械，大大提高了耕作效率，也使耕作半径加大，农居不必散而就近耕作，也使家庭农机具减少或消失。"庭院经济"的消失，导致住宅内部的用地结构发生变化，居民点内部的功能用地类型发生改变。同样，农村二、三产业的发展，使务农比例可能进一步降低，为农业完全走向机械化提供了基础条件。

目前在北京，农村村庄功能的延伸引起了农村居民点内部土地利用在结构和空间上的变化。农村居民点的功能指人们在使用农村居民点用地过程中所表现的功用、效力、性能和用途等的集合体，就是指农村居民点在使用中所发挥的作用。农村居民点土地的空间功能是通过不同用地结构对人不同需要功能的满足来体现的。根据农村居民对农村居民点用地的不同要求，将农村居民点功能分为三类，即生产功能、生活功能和收益功能。首先，作为人们生活场所的承载体，农村居民点需要提供居住者满足其生理、心理及行为要求的实用、安全、美观的居住环境和承载空间。这就体现了农村居民点的生活功能，是农户生存的基本需求。其次，农村居民点还要为生产服务；其本身还可以作为农业和家庭副业生产的场所，体现出了农村居民点的生产功能。同时，在市场经济条件下，农村居民点作为一种生产资料，出租和个体经营可以获得收益功能。

由于北京市区域发展不平衡性较为突出，各地区有着不同的发展条件，在区域发展阶段性规律的制约下，区域经济社会发展呈现出不同的阶段性。

10.2 北京市农村居民点综合整治的必要性

农村居民点整治是农业、农村现代化规划的重要组成部分，也是土地整治规划的重要组成部分。对土地的集约化利用和耕地保护具有重要意义。农村居民点整治将以保护耕地、控制非农业建设用地、实现耕地动态平衡和促进农村社区可持续发展为目标，以迁村并点、乡村城市化建设为重点，加大村镇土地整治、复垦力度，努力实现村庄非农建设用地由外延增长为主转向内涵挖潜为主，提高土地利用率，统筹安排各种用地，保障经济和社会的可持续发展。

10.2.1 落实城市总体规划的需要

根据《北京城市总体规划（2004年—2020年）》，到2020年，北京市总人口规模规划控制在1800万人左右，年均增长率控制在1.4%以内，其中城镇人口控制在1600万人左右，约占全市人口比例的90%。积极引导人口的合理分布，通过疏散中心城的产业和人，大力推进城市化进程，促进人口向新城和小城镇集聚是实现城市规划合理布局的主要措施。

城市总体规划中提出实施以新城、重点镇为中心的城市化战略，与城市空间布局和产业结构调整相适应，逐步形成分工合理、高效有序的网络状城镇空间结构。

按照统筹规划、分类指导、突出重点和示范带动的原则，依托高速公路和重大基础设施，建设设施配套、环境优美和各具特色的城镇，促进小城镇从数量型向质量型转变。扩大小城镇规模，有限发展重点镇。适当归并、重新整合，选择30个左右区位条件优越、发展基础好、潜力大的建制镇作为重点镇。形成聚集效益和区域竞争优势，镇中心区规划人均建设用地面积严格控制在120m^2以内，促进土地的集约利用。

针对中心城周围、新城周围、山区小城镇不同的基础条件、资源状况和发展水平，制定分类指导的发展规划和政策。引导和鼓励经济联系紧密、资源互补的城镇进行协作和联动发展，形成重点镇带动一般镇、平原镇带动山区镇、小城镇带动农村的发展格局。

合理确定和强化小城镇的产业依托，发挥比较优势，与国家级、市级开发区形成分工合理的产业梯次结构。小城镇产业发展应以解决农民就业为主要目标，发展符合大城市郊区特点的劳动密集型、都市型工业和第三产业。

统筹协调小城镇的经济社会发展与生态环境保护和建设，加强小城镇环境综合治理，努力改善小城镇生态环境质量。加快小城镇教育、文化、卫生和体育等社会事业发展，改善人居环境，逐步缩小城乡社会事业发展水平的差距。加强城乡一体化的公共交通体系和市政基础设施建设，改善投资环境，引导小城镇集中发展，改善小城镇的生产生活条件。

坚持统一规划、集中建设的原则，促进农村人口的就业和居住向小城镇、中心村集中。将中心村建设成为具有地方特色、环境优美、布局合理、基础设施和公共服务设施完善的现代化农村新型社区。积极推进村庄整合及迁村进镇，通过对分散农村居民点的拆迁、合并和改造，扩大中心村规模，集约利用土地，规划农村人均建设用地严格控制在150m^2以内。

积极推动农村居民点的基础设施配套建设，逐步建立符合农村居民点经济社会发展水平的基础设施服务体系，采取多种措施，加快搬迁山区生存及发展条件恶劣的村庄。改革土地征用制度，逐步完善失地农民的安置补偿政策，建立和完善农村社会保障体系，切实解决农村的就业和社会保障问题。

积极推进户籍制度改革，促进农民到城镇定居，由流动就业向稳定就业转化，加强农民的教育与就业培训，增强农民的就业能力。

10.2.2 分散中心城区功能，增加就业机会的需要

北京市的快速发展，给城市带来了功能高度集中，人口密集、交通拥挤、环境压力增大，社会治安形势严峻等问题。而另一方面，农村地区的建设用地散乱，人均用地量大，容积率低，生活设施差，生产与生活缺少功能分区，已对农村经济和农业现代化的发展构成了制约。

解决这些问题的途径在于把城市郊区建设好，疏解城市功能，疏散城市人口，改善城市生态环境。做好集聚与扩散的规划布局，引导城市健康发展。据城市居住区的建设经验，功能齐全的居住区，建设和运营的最小规模是3万人左右。对于乡村，配置农业现代化经营所需要的电力、电信、

道路、给水和排水等设施,是极不经济的,那么为几百人的村庄配置现代化设施的不经济性可想而知。根据村镇整理规划的总体思路:村庄土地利用以"三个集中",即"农田向规模化、集中化经营集中,工业向工业园区集中,农民住房向城镇、中心村集中"基本理论为指导,首先要鼓励农村人口向建制镇和中心村迁移,逐步集聚各自然村人口,撤销偏、小、远及布局不合理的自然村,合理调整村庄的总体布局,使单个村庄具备一定的规模,产生较大的规模效益,从而更有利于未来的村镇公用设施建设和经济的进一步发展;其次加快中心村的现代化建设,在严格控制其总体用地规模的前提下,积极更新观念,采用新产品和新技术,在兼顾环境质量和经济社会效益的同时,创造以人为本的舒适、安全、优美和方便的综合居住环境。

有研究表明,经济发展初期,影响人口集聚的根本因素是就业机会,而交通、家庭和住房等对人口的集聚影响力明显偏弱,工业化迅速推进人口聚集的趋势更加明显,因为工业化能够提供更多的就业机会。通过新农村建设引导农民梯度转移集中居住,结合现代农业发展,为农民向城镇集中创造条件。加强与中心城镇的联系,巩固城市生存的腹地基础,通过农业产业化,推动城镇化,构筑城乡一体、统筹协调发展的格局,这是北京市全面建设小康社会,率先基本实现现代化的必然要求,是促进"三农"问题解决,促进农村繁荣、农业发达、农民富裕的根本出路,是改善生态环境、集约利用土地资源、拓展城市发展空间的客观需要。

10.2.3 节约集约利用土地的需要

北京市农村居民点与集体独立工矿用地占全市建设用地的47.9%,如果扣除建设用地中的水利、交通和特殊用地,则占到全市城镇村建设用地的64.3%,平均每一农业人口占有建设用地高达498m^2。但22%的人口占有64%的建设用地只创造了10%的二、三产业产值。因此,农村建设用地的集约程度急需提高。

在农村建设用地综合整治过程中要促进工业土地的集中和集约利用，推进土地向现代农业园区、特色规模基地和专业大户集中，提高农业适度规模经营水平，完善城乡一体的户籍管理制度，消除农民向城镇转移的体制性障碍。制定积极的政策措施，推进城市规划区内的农民向城镇新型社区集中，引导规划区外的农民将宅基地置换到城镇新型社区建房，实施跨区域向城镇集中等不断提高城市城镇化水平。从土地利用强度、投资强度等方面实行严格控制，提高土地投入产出率，实现土地供应政策与产业政策的协调配合，推进节约集约用地和产业结构优化升级。

总之，农村居民点整治可以促进农村经济社会发展、生态环境改善通过农村居民点整治不仅可以有效增加耕地面积，集约经营，发展农村经济，而且可以盘活土地资产，壮大村级集体经济，结合科学合理的村镇规划，转移农村剩余劳动力，农村人口适当集中，加强基础设施建设，推进农村城镇化，有利于改变村容村貌，提高农民居住水平和生活质量，同时又能改善农村生态环境。

10.3　小结

北京市的农村居民点整治需按照深入落实首都城市战略定位，建设国际一流的和谐宜居之都，必须把城市和乡村作为有机整体统筹谋划，破解城乡二元结构，推进城乡要素平等交换、合理配置和基本公共服务均等化，推动城乡统筹协调发展。充分挖掘和发挥城镇与农村、平原与山区各自优势与作用，优化完善功能互补、特色分明、融合发展的网络型城镇格局。全面推进城乡发展一体化，加快人口城镇化和经济结构城镇化进程，构建和谐共生的城乡关系，形成城乡共同繁荣的良好局面，成为现代化超大城市城乡治理的典范。

针对平原地区和生态涵养区不同资源禀赋条件，创新完善中心城区—北京城市副中心—新城—镇—新型农村社区的现代城乡体系，制定分区指导、分类推动、分级管控的城乡一体化发展策略，形成以城带乡、城乡一体、协调发展的新型城乡关系。

全面完善农村基础设施和公共服务设施，加强农村环境综合治理，改善居民生产生活条件，提升服务管理水平，建设新型农村社区。以传统村落保护为重点，传承历史文化和地域文化，优化乡村空间布局，凸显村庄秩序与山水格局、自然环境的融合协调。完善美丽乡村规划建设管理机制，实现现代化生活与传统文化相得益彰，城市服务与田园风光内外兼备，建设绿色低碳田园美、生态宜居村庄美、健康舒适生活美、和谐淳朴人文美的美丽乡村和幸福家园。

第 11 章

农村居民点整治的时空综合配置研究

国外学者（Coelho，1996；Mihara，1996；Quadflieg，1997）认为土地整理是促进乡村经济社会发展的重要手段，近年来，我国学者（陈美球，1999；张保华，2002；周滔，2003；杨庆媛，2003；张占录，2005；林坚，2007；姜广辉，2007；田贵全，2008；孔祥斌，2008；张志红，2007；谷晓坤，2008）分别针对农村居民点用地整理问题展开研究，研究的内容涉及居民点用地特征和影响因素分析、整理模式和手段、整理潜力等，对农村居民点用地利用的管理不能仅着眼于数量、规模的控制，同时也要关注空间上的管制，其重点在于区位选择和空间上的优化配置，以降低用地扩张对农业及生态空间的胁迫程度，促进城市化进程健康推进。随着建设用地供给稀缺性的日益凸显以及科学发展观对资源节约和环境友好要求的提高，这一点在大都市郊区显得尤为重要。

在城市要素向郊区渗透的过程中，居民点的扩展没有很好地与城市空间结构和发展定位有机结合。农村居民点布局松散零乱，影响城市景观，与北京市国际大都市地位不相符合。居民点大都是独院式和宽而空的平房住宅，土地利用率低，用地结构不合理，土地资源浪费严重。大部分居民点零星分散，使市政设施及公共设施配套困难，影响农村居民生活质量的进一步提高。迫切需要结合农村居民点的现实情况，分区、分类设定相应的整治模式，以促进土地资源的合理利用，从而实现城乡统筹和区域的可持续发展。

11.1 研究思路

以北京市农村居民点为对象，综合考虑限制因素和发展驱动力因素对居民点用地的影响，构建居民点用地空间综合限制等级评价指标体系和发展张力评价指标体系，根据不同区位居民点受限的程度和发展受到的驱动力，探讨居民点在空间上的稳定程度，引导居民点整治的空间次序；根据区域经济发展水平与农民就业分布情况，结合区域功能定位，提出不同功能区内的居民点整治模式，从而实现农村居民点整治的优化布局，实现社会效益、经济效益和环境效益三者的有效融合。

11.2 居民点用地的受限程度及发展张力评价

(1) 居民点用地空间限制程度评价体系

居民点用地的空间限制程度评价，是根据影响居民点空间布局的限制因素，确定居民点用地的综合限制等级，其目的是分析和识别区域自然、社会因素对居民点用地空间制约程度，为区域居民点空间管制政策的制定提供决策依据。根据北京市不同区域的资源禀赋及生态环境承载力特征，从统筹经济社会、资源和生态环境协调可持续发展的角度，并考虑数据采集的可行性和定量分析的可操作性，选择地面坡度、高程、地质环境适宜分区、地表水资源保护区、地下水源保护区、城市建设规划和土地利用规划影响居民点用地布局的限制因素，作为居民点用地空间限制程度的评价指标。

在自然因素方面，对建设用地而言，地势平坦，排水良好，工程土方量少，则可节省开发投资，当坡度超过一定限度时，就要采取适当的工程措施，工程投资必然增大；由于海拔的上升，自然环境恶化的可能性在增大，人类的活动必然减少。根据海拔对居民点用地的限制程度，对北京市的海拔做了分级。地质适宜性分区可以避免各类地质灾害对建筑物的损害。

在社会因素方面，北京市城市总体规划将地表水源一级保护区划入禁止建设地区，地表水源二级保护区列入限制建设地区，将地下水资源保护分为防护区和补给区，并对不同区域土地利用给予不同的保护力度。落入城市规划用地的农村居民点，应该按照城市规划的用途进行限制，北京市规划布局了顺义东、顺义西、大兴南等九大农田保护区，并制定了林业发展规划，对于农田保护区、林地规划区内的居民点用地也要给予不同程度的限制，以体现规划的制约作用。

然后结合各因素对居民点用地限制的影响程度用层次分析法确定权重，提取各评价因子空间信息进行量化分析；最后采用式（11-1）计算评定单元的限制程度分值，对居民点用地的限制程度进行评价。

$$\begin{cases} S = 0 & \text{当 } v_k = 0 \text{ 时} \\ S = \sum_{k=1}^{n} w_k v_k & \text{当 } v_k \neq 0 \text{ 时} \end{cases} \quad (11-1)$$

式中，S 为农村居民点用地的限制程度分值；n 为评价因子数；w_k 为第 k 个评价因子的权重；v_k 为第 k 个评价因子的量化分值。

由于自然条件和人为限定，某些指标在一定条件下对居民点用地的限制为一级限制，主要包括地表一级水源保护区、规划城市建设区等，不论评价单元的其他指标如何，均被一级限制。此外，海拔过高、地形陡峭地区难以进行建设，把北京市海拔大于 1000m、坡度大于 30°作为居民点用地限制的临界值。对存在临界值的单元采用"一票否决制"，直接列入一级限制区，各个评价要素的划分标准见表 11-1，划分的标准和依据参考《北京城市总体规划（2004 年—2020 年）》，考虑居民点用地受限制的级别赋予分值。

表 11-1　北京市农村居民点用地综合限制程度评价

系统层	指标层	因子分级及分值					权重
		一级限制	二级限制	三级限制	四级限制	五级限制	
自然因素限制	地面坡度	>30°	20°~30°	10°~20°	5°~10°	<5°	0.143
		0	1	2	3	4	
	海拔	>1000m	500~1000m	200~500m	100~200m	<100m	0.098
		0	1	2	3	4	
	地质环境适宜分区	—	不适宜区	较不适宜区	较适宜区	适宜区	0.148
		—	1	2	3	4	
社会因素限制	地表水源保护区划	一级水源保护区	二级水源保护区	三级水源保护区	—	其他区域	0.130
		0	1	2	—	4	
	地下水源保护区划	—	城市地下水源防护区	城市地下水源补给区	城郊地下水源防护区	其他区域	0.113
		—	1	2	3	4	
	城市用地规划	规划城市建设区	—	绿化隔离区	—	其他区域	0.203
		0	—	2	—	4	
	土地利用规划	—	农田规划保护区	—	林地规划区	其他区域	0.165
		—	1	—	3	4	

(2) 居民点用地的发展张力评价体系

发展张力表征在市场经济条件下居民点用地扩张的可能性大小，取决于地理区位、经济发展水平等驱动力因素。地理区位是指评价单元与交通线路、城镇或区域发展水平等人文环境条件之间的相对位置关系（郝晋珉，1995）。根据影响农村居民点发展的驱动力因素，选择与中心城区距离、与区级中心距离、区域农村人口密度、区域人均 GDP、区域公路密度作为农村居民点用地发展张力评价指标。

城市本身所具有的经济功能,就是对物资和人力等资源的聚集,因此城市内部及其周边区域的居民点面临相当大的利用方式转变压力;区域农村人口密度越大,对居民点用地扩张的影响越强;人均 GDP 是反映区域经济实力的重要指标,区域综合实力强,对建设用地扩张的驱动力就大;交通线路对居民点用地导向性很强,公路密度大的区域,交通可达性强、便捷度高,比其他地方更容易转化为建设用地。

评价权重的制定参考相关研究,利用层次分析法制定(付海英,2007;陈晓军,2006)(见表 11-2)。对指标的标准化处理采取两种方式:①对居民点到各级中心的距离,根据不同中心的等级,用 ArcGIS 的缓冲功能做缓冲区分析,对距中心城区(<5km、5~10km、10~15km、>15km)、区级城区的距离(<2km、2~5km、5~8km、>8km)分别赋予 4、3、2、1 的分值。②对于人口密度、人均 GDP、公路密度采用行政辖区的统计资料处理,对数据进行极值标准化处理,见式(11-2);然后通过指数加权模型计算每个评价单元的发展张力指数,进行评价分析,见式(11-3)。

$$X = \frac{x' - x'_{min}}{x'_{max} - x'_{min}} \times 4 \qquad (11-2)$$

式中,X 是标准化的量化值;x' 是统计数据的实际值;x'_{max} 是统计数据的最大值;x'_{min} 是统计数据的最小值。经过量化之后,所有的分值均在 [0,4] 范围内。

$$Q = \sum_{i=1}^{m} P_i h_i \qquad (11-3)$$

式中,Q 为农村居民点用地承受的发展张力指数;m 为评价因子数;P_i 为第 i 个评价因子的权重;h_i 为第 i 个评价因子的量化分值。

表11-2 居民点发展张力评价系统参评因子权重系数

与中心城区的距离	与区级中心的距离	区域农村人口密度	人均GDP	公路密度
0.297	0.219	0.158	0.138	0.188

(3) 评价结果与分析

将分别计算出的每个单元在不同评价系统下的综合作用分值，通过各评价单元总分的频率直方图，选择突变点，进行级别划分。在居民点空间限制程度评价系统中，划分高度限制（HR）、中度限制（MR）和低度限制（LR）三等，生成居民点限制程度空间分布图；在居民点发展张力评价系统中，划分高发展张力（HP）、中发展张力（MP）和低发展张力（LP）三级，生成居民点发展张力分布图。

居民点用地综合限制等级空间分布，高度限制的居民点面积为246.19km^2，约占总面积的20.08%，主要分布在中心城区的周边，以通州西北部为最多，同时，西北、西南山区地带也有零星分布；中度限制的居民点面积为316.92km^2，约占总面积的25.85%，主要分布在中心城区的东北部、通州南部、大兴南部、房山东部及顺义东部；低度限制的居民点面积为662.89km^2，约占总面积的54.07%，主要分布在昌平中部、顺义北部、平谷南部、通州北部、大兴北部和房山东部。

从居民点承受的发展张力来看，高、中、低发展张力围绕中心城区成圈层分布。高发展张力的居民点用地面积为195.86km^2，约占总面积的15.97%，主要分布在中心城区的周边偏东北和西北方向；中发展张力的居民点面积为556.19km^2，约占总面积的45.36%，主要分布在高发展张力的外围区域；低发展张力区域则主要分布在远郊地区，面积为474.05km^2，约占总面积的38.67%。

限制程度代表各种规划、自然因素对居民点用地的约束程度，限制程度越高，居民点用地就相对越稳定；发展张力代表导致居民点用地变化的可能性大小，发展张力越大，引起居民点用地变化的可能性就越大，反之亦然。限制程度和发展张力大小共同决定居民点用地的稳定程度。居民点用地的稳定程度可以分为三个类别：稳定、相对稳定、不稳定。将居民点限制程度空间分布图与居民点发展张力分布图进行叠加，生成 HRHP、HRMP、HRLP、MRHP、MRMP、MRLP、LRHP、LRMP、LRLP 九个类型分区，各个分区具体的稳定程度及面积见表 11-3。

表 11-3 居民点用地的稳定程度及其面积

（单位：km^2）

类型分区	高发展张力（HP）	中发展张力（MP）	低发展张力（LP）
高度限制（HR）	相对稳定/83.83	稳定/72.76	稳定/71.19
中度限制（MR）	不稳定/93.70	相对稳定/90.72	稳定/156.67
低度限制（LR）	不稳定/40.80	不稳定/375.40	相对稳定/240.92

从居民点用地的稳定程度来看，用地稳定的居民点面积为 300.62km^2，约占总面积的 24.52%，主要分布在远郊山区，在中心城、规划新城附近由于受到规划因素的制约也有少量分布；相对稳定的居民点面积为 415.47km^2，约占总面积的 33.89%，主要分布在房山东南部、大兴南部、通州东部和平谷南部等远郊平原地区；不稳定的居民点面积为 509.90km^2，约占总面积的 41.59%，主要分布在中心城、规划新城的周边及远郊平原，这些地区发展张力较大，但受规划、自然因素制约较小，导致居民点用地稳定程度较差。

11.3 北京市农村居民点整治时序安排

结合北京市不同区域的功能定位，以改善和建设"宜居城市"为目标，统筹考虑平原腹地的发展规划，并结合居民点用地在空间上的稳定程度。为实现不同发展目标下的居民点整治时序，体现多目标规划的弹性空间，提出以下三种整治时序方案。

位于远郊山区和城市近郊区域的部分居民点用地的稳定程度较高,是由于受到自然和规划限制因素的影响,该种制约限制了农村居民生活水平的进一步提高,并对城市发展起到了阻碍作用,以优化城市发展空间和降低生态风险为目标时,按照城市发展规划和区域土地用途规划,居民点整治的时间排序为:HRHP＞HRMP＞HRLP＞MRHP＞MRMP＞MRLP＞LRHP＞LRMP＞LRLP。

从居民点整治推进的难易程度上来看,在高发展张力区,区位条件好,区域吸引投资的能力强,居民点整治资金筹集的内生动力大,高发展张力区比低发展张力区要容易一点,按照居民点整治推进的难易程度的排序为:LRHP＞MRHP＞HRHP＞LRMP＞MRMP＞HRMP＞LRLP＞MRLP＞HRLP。在此目标下居民点的整治按照区域推进的难易程度,先易后难。整治的优先区域主要分布在近郊地带,区域经济发展水平较高。

综合考虑限制程度和发展张力因素,按照居民点的稳定程度,科学制定发展规划,遵循市场规律,以引导居民点合理发展为目标,此种情况下,优先整治限制程度低、发展张力大的区域,最后整治限制程度高、发展张力小的区域,整治的时间排序为:LRHP＞LRMP＞MRHP＞MRMP＞HRHP＞HRMP＞LRLP＞MRLP＞HRLP。在此目标下居民点整治充分考虑市场因素的调控作用,以规划引导为手段,整治的资金投入相对较小。整治的优先区域主要分布在中心城周边,且受规划控制影响较小的区域。

11.4 北京市不同区域的居民点整治模式

当前,北京郊区的农村发展水平已经呈现圈层特征,区域经济发展水平差别明显。围绕北京中心城区,现已形成了三个不同水平的经济发展地带,相应的农村居民点的分布也与经济发展水平紧密关联。第一层为近郊城乡交错地带,大体位于六环之内,是中心城市与乡村的过渡地带,呈半城市、半乡村状态,整体经济发展水平较高,区域内的农村居民点分布密集，由于该区的农民有较多的非农就业机会，并且农地数量极其有限，农村居民点用地主要体现为居住和生活功能；第二层是城市影响区，是位于六环之外到山前地带的远郊平原区（因为延庆平原的自然条件与该区相似，所以也列入第二圈层），该层的经济发展水平低于第一圈层，区内农用地面积大且集中连片，适合产业化规模经营，农业经济活动占明显优势，农村居民点主要体现为生产、生活功能；第三层为远郊山区地带，由北部、西部和西南部山区及半山区组成。目前，第三圈层的社会发展水平及其城镇化水平明显低于平原区，北京山区的农村居民点用地利用水平粗放低下，并且受地形限制，山区村落规模小、宅院散乱。山区担负的城市生态补给功能是北京市实现可持续发展的基础，山区居民点的整治应该与山区的功能定位相结合，体现其生态功能。北京业已形成的圈层特征是自然条件与社会经济发展相结合的历史阶段性产物。

根据上述北京市农村居民点用地整治分区思路，结合《北京城市总体规划（2004年—2020年）》，综合考虑都市型农业产业布局规划（张凤荣，2007），在创造良好的生产、生活环境的同时，充分体现人与自然的渗透和融合，体现大都市郊区田园式、生态型的城市发展目标定位，基于以上思路，提出不同区域居民点的整理模式。

(1) 城乡交错区农村居民点整治模式

1) 范围及整治方向

位于六环以内的近郊区，区域面积为2214km²，共有农村居民点用地约为390km²。该区属于城市扩展区，北京市的顺义、通州、亦庄、门头沟和大兴黄村等新城，以及城市规划布局的绿化隔离带都分布在这个区域，市区与农村交错融合。该区的居民点整治应该以改善和建设"宜居城市"为目的，通过减少居民点斑块的数量，降低斑块形状的复杂度，强化景观建设，把农村居民点的基础设施建设纳入城市建设范畴，坚持节约集约使用土地、便于农民生活、改善村容村貌、体现特色的原则，统筹安排村庄

第11章 农村居民点整治的时空综合配置研究

公共设施建设。

2) 整治模式分类

①拆迁转绿化模式。绿化隔离带是以绿化和生态建设为前提的，以控制城市建设规模，引导经济发展方向，应建设成为具有游憩功能的景观绿化带和生态保护带。通过现状居民点用地与城市总体规划空间叠加，有116km²的居民点位于绿化隔离带内，占绿化隔离带规划面积的8.64%，该类居民点应按照规划完全转化为绿色空间，采取分期逐步拆迁的策略，积极向规划城区或镇区迁移，实施撤村建居。

②城市社区化模式。新城是中心城的职能疏解和产业集聚的主要地区，也是城市空间结构的重要节点，对新城规划区范围内的农村居民点整治，按照城乡建设用地增减挂钩的模式，缓解建设用地指标的不足。已纳入城市规划建设用地范围的居民点面积为122km²，该类居民点应按照公寓化或社区化的模式进行整理，将农民转化为城市市民，将农村转化为城市。

③农村居住型社区模式。对于在城乡交错区，但不在上述规划范围内的居民点面积大约为152km²，要按照节约、集约用地的标准进行整理，合理规划布局中心村，完善基础设施，引导农民上楼，建设农村型、集体产权的居住型社区，应用现代生态工程技术，改善城市景观，体现区域良好的生态环境。

(2) 远郊平原区农村居民点的整治模式

1) 范围及整治方向

位于六环以外远郊平原和延庆盆地区，区域面积为5444km²，其中农村居民点面积为680km²，区域农田面积大，适合发展规模经营，是重要的农产品生产基地；农业生产在农村经济活动中占有较大的比重，该区农村居民点的整治要在保护原有生活方式的同时，实现农民生产、生活功能的统一。在靠近中心城区的居民点，虽然身份是农民，但是大都具有正常且稳定的工作，对该类居民点要按照农改居模式进行整治，对于传统农区内的居民点要控制其发展规模，按照田园型的模式，以内部挖潜为主，同时要积极发展中小城镇。

2）整治模式分类

①农改居模式。该区域内有昌平、平谷、怀柔、密云和延庆等规划新城，位于规划新城范围内的居民点面积为 $81km^2$，对该类居民点要按照统一规划、集中建设的原则，促进农村人口的就业和居住向规划城区集中。通过农改居的实施，推进农村城市化和现代化发展的步伐，能进一步完善农村的基础设施条件，提高农村居民的生活质量。

②田园型模式。北京市的九大片基本农田保护区涉及村庄共 720 个，面积约为 $138km^2$。对于基本农田保护区内的居民点要控制其发展规模，以内部挖潜为主，加强村庄基础设施建设，将区域内的废弃地及面积小的居民点进行统一整理复垦，将分散变为集中，既增加耕地面积又便于管理，同时又有利于公共基础设施的配置，按照田园型的模式，在设施完善、住宅庭院建造、村落景观设计和农业旅游等方面应用现代生态工程技术，体现生态良好、环境优美的宜居聚落，由于缩并的自然村相距一般不远，因此，农民的生产也不会受到太大的影响，可以方便地进行一些耕种和劳作。

③合并中心村（镇）模式。位于第二圈层其他区域的居民点有 $531km^2$，北京市大部分农村居民点的整治模式属于该种类型。其中官厅水库一级保护区范围内有 $0.87km^2$ 的农村居民点需要搬迁，搬迁的农村居民点要与建设中心村的居民点合并。同时要积极发展桥梓、高丽营、小汤山、杨镇、金海湖、马坊、阳坊、潮县、采育、安定、庞各庄、榆垡、窦店、琉璃河、韩村河等北京市确定的重点城镇，离镇区较近的居民点可以直接合并到镇区，成为"中心镇"模式。通过居民点整治引导农民梯度转移集中居住，结合现代农业发展，为农民向城镇集中创造条件，区域城镇要接受中心城区的部分产业转移，发展劳动密集型产业，扩大就业容量，

转移中心城区人口压力。

(3) 生态山区农村居民点的整治模式

1) 范围及整治方向

由北部、西部和西南部山区及半山区组成。区域面积为8751km², 其中农村居民点面积为155km², 该区处于北京的上风上水地带, 承担着北京市重要的水源保护和生态涵养功能, 是北京市的生态屏障, 区域发展受到功能定位的限制。自然环境条件恶劣、交通不便、信息不畅的偏远山区农村居民点, 应由政府组织逐步进行异地迁移, 将村庄整体搬迁到经济条件好、发展空间大的区域, 或选择适宜的地区建设独立新村, 并对老宅基地进行复垦还耕、还林。在满足水源保护和生态涵养要求的前提下, 发挥区域自然资源和环境优势, 以现有的旅游景点为载体, 结合特殊的人文自然景观, 发展山区民俗旅游、生态旅游和农业观光休闲旅游等产业。

2) 整治模式分类

①生态型搬迁模式。第三圈层内部突发性地质灾害发育明显, 在北部山区以泥石流和崩塌灾害为主, 西山地区则以采矿塌陷与泥石流灾害并重, 并且均处于高降雨区, 地形坡度陡, 属于建设地质不适宜区, 有35km²的居民点位于地质灾害区需要搬迁。另外, 还有7.8km²的居民点位于密云水库一级水源地保护区, 以上区域内的农村居民点原址大都不适宜建设, 属于生态环境脆弱区, 应另寻良地搬迁此类农村居民点。

②积极发展型模式。山前区域内的部分农村居民点, 区位条件较好, 适宜开展建设, 并且集聚能力较强, 通过交通道路等基础设施建设, 成为服务型的"别墅"山庄商服中心, 并逐步发展成为旅游型城镇, 为部分因地质灾害或生态移民而搬迁的农民提供就业场所。从而实现北京市山区人口和产业的合理布局, 为山区居民创造环境优美、生活便利、就业充足的现代化社区。

11.5 北京市农村居民点整治的优化布局

基于建设"宜居城市",提高人民生产、生活环境的指导思想,提出了上述的农村居民点整治模式。如以上的规划思路能够实施,将会有力推动北京市城乡社会经济的协调发展,加快城镇化进程。同时,北京市农村居民点的整治应借助城乡土地综合整治的契机,考虑从以下几个方面进行优化布局,以提高土地整治的综合效益。

(1) 城乡交错区的优化布局

结合绿化隔离带等生态环境建设规划,以改善和建设田园景观为目的,把居民点整治与建设良好城市景观和生态系统相结合。通过拆迁转绿化可为城区增加5.2%的绿化率,在土地资源极其紧缺的城区,能够有力推动宜居城市建设。按照节约、集约用地的原则,统一规划布局区域内的基础设施、公共设施。通过城镇化社区模式、农村居住型社区模式的实施,推动城乡建设用地增减挂钩,拓展城镇建设用地空间,推进社会主义新农村建设,改变城市郊区居民点布局混乱的现状,提升大都市郊区的景观层次。

(2) 远郊平原区的优化布局

引导农村居民从居住分散、环境较差的自然村向基础设施良好、环境舒适文明的规划村转换。该区的居民点整治要与农地整理相结合,以发展规模经营为目标,结合权属调整推动农业产业化发展。通过整治复垦,促进优质农田的集中连片,为农业的产业化、规模化创造条件。以居民点整治为契机,通过承包经营土地的空间置换与调整,改变耕作单元分散的格局,增加农户耕作单元面积,提高农业机械化水平和劳动生产率,降低农业生产成本,增加农业生产综合效益。

(3) 生态山区的优化布局

作为重要的生态屏障，远郊山区应以生态维护和适度旅游开发为主。为该目标服务的农村居民点整治应以水源保护和生态维护为前提，因地制宜，在生态环境脆弱区开展居民点的生态搬迁，在浅山区发展高档社区和高端定位的新型产业，在规划好城市发展后备空间的同时，强化该区对北京市的生态保护功能。山前地带的"农家乐"发展较快，但是"农家乐"景点基础设施建设薄弱，价值品位及其体现的文化内涵与北京世界级大都市的地位不相符合。应以居民点整治为切入点，结合产业布局，促进生态山区的资源优化配置，提升业态水平，整合粗放型、低层次的经营业态，发展居住与就业兼顾的高档居住区和以景观风貌为特色的城市休闲游览地，提升城市品位，高起点、高标准规划建设商业网点，扩大就业结构。

11.6 小结

北京市郊区优越的地理环境、发达的农村经济、雄厚的财政实力是推动农村居民点整治的重要动力。农村居民点的整治不仅可以提高节约用地的水平，缓解建设用地数量的不足，而且还可以推动整个区域功能布局的优化，提高土地利用的综合效益。农村居民点用地空间结构调整是建设社会主义新农村的基础性工作之一。针对农村居民点用地多方面的特点，空间结构调整必须在分类的基础上进行。本章基于城市规划对不同区县的功能定位分析了北京市农村居民点用地的空间整治方向，探讨居民点用地在空间上的稳定程度，根据区域经济发展水平与农民就业分布情况，提出了不同区位农村居民点的整治模式，结合评价结果对不同规划目标导向下居民点整治的时序做了安排，研究结果对指导农村居民点用地空间结构调整具有一定的现实意义。

农村居民点整治是落实城市规划，改善农村整体形象，增加建设用地指标的重要手段。在统筹城乡发展的前提下，开展城镇建设用地增加与农村建设用地减少相挂钩工作，因地制宜，科学选择切合自身实际的特色化的居民点整治模式，利用市场机制、合作机制和调控机制等统筹安排，借助经济、政治、文化、法律和规划等手段开展居民点综合整治，可以推进城乡统筹发展，加快宜居城市建设。北京市经济社会发展不平衡，农村居民点的类型万千，所要求的空间结构调整模式也必然不同。

作为具有3000多年建城史和800多年建都史的北京，不少农村居民点具有重要的历史文化价值，历史文化村落是首都历史文化名城的重要组成部分。农村居民点的整治，应按照突出重点、严格保护和合理利用的原则。根据村落的现状和未来发展的需要，实行原貌、原址或原名的多类型保护，适当发展具有特色的文化旅游服务业。农村居民点整治是农村居民点用地的资产价值得以显化的过程，也是对农村居民点用地产权的重新界定与调整，对相关权属收益在各主体之间进行分配的过程。由于农村居民点整治所需资金量大、相关利益主体众多，权属调整与收益分配关系纷繁复杂，实际实施的难度较大。随着城镇化快速向前推进以及"挂钩"试点的逐步展开，农村居民点整治现行产权制度安排也急需调整，以适应农村居民点整治持续、健康发展的需求。涉及需要整体搬迁的居民点，不仅面临居住的问题，还面临就业的压力。由于大多数农民缺乏在城市就业的一技之长，因此在与城市人口的竞争中处于劣势。部分农民的土地由原来的集体所有转化为全民所有，身份由原来的农业人口转变为城市人口，从事产业由农业生产转为从事二、三产业，因此如何做好农村居民点的安置和搬迁工作是都市区居民点整治面临的共性问题。

第 12 章 ▶

农村居民点用地的时空特征及分类调控

  农村居民点用地空间结构反映了人类经济活动在一定地域上的空间组织形式和相互关系，影响着区域经济发展规模、方向以及发展的可能性（王万茂，2006）。随着社会经济的发展，人民生活水平日益提高，迫切需要对居民点进行规划，加强生产生活基础设施、服务设施建设，改善人们的居住环境，尤其是要加强对农村居民点的治理和规划，以满足人们对居住环境迫切需要改善的需求（孙华生，2007）。

  农村居民点整治、村镇规划在实际操作与研究过程中，既积累了成功的经验，也存在若干问题与偏差，主要表现在没有具体体现因地制宜、分类整治的原则，且与相关规划的衔接不够紧密，很难有效地指导农村居民点用地的调整活动。北京城市总体规划中将农村居民点整治作为新增建设用地的一个重要途径，提出根据区域的资源禀赋条件、生态环境承载力和经济社会联系程度，实施分区域的城市化策略。而作为北京东部的物流、休闲度假及绿色农业的生产基地，平谷区农村居民点的整治要符合地区经济发展的方向和区域资源环境的特点，要突出自然山水格局特色，保持舒适宜人的尺度，积极稳妥地推进社会主义新农村建设。

  平谷区地处华北平原与燕山南麓相交地带，东、西、北三面环山，中部和西南部为平原，区内山区、浅山区和平原区等地貌类型齐全，其区域地貌与整个北京市的地貌有很大的相似之处，选择平谷区居民点用地空间调控作为研究案例具有典型代表性。本章应用 GIS 空间分析方法,在分析 2004—2011 年平谷区农村居民点空间变化特征的基础上,构建居民点综合发展实力评价,并结合区域规划提出居民点整治的优化布局方案,以期为农村居民点规划、整合提供参考。

12.1 研究区概况与研究思路

12.1.1 研究区概况

平谷区位于北纬 40°1′~40°22′、东经 116°55′~117°24′,地处华北平原与燕山南麓相交地带,区域总面积为 948.24km²,东、西、北三面环山,山地面积约占区域总面积的 60%,中部和西南部为平原,面积约占区域总面积的 40%。地势东北高、西南低、中间平缓,呈倾斜簸箕状。平谷北部山区和半山区低山峡谷地貌发育十分典型,谷壁陡立、山岩林水融为一体,自然景色优美迷人,有京东大峡谷、京东石林峡和湖洞水等自然景区。

平谷区地貌形态大体可划分为山地、丘陵、台地和平原四大类型。丘陵和台地分布于山地与平原交接部位,它们是地壳运动相对稳定或缓慢的上升区,遭强烈长期外力剥蚀作用而形成。丘陵相对高度小于 200m,坡度为 7°~15°,少数大于 25°。山前台地海拔均在 100m 以下,相对高度为 20~50m,坡度为 3°~7°。平原的海拔一般不超过 100m,绝大部分为 30~50m(李靖,2007)。据此,以平谷区 DEM 为基础,参考坡度数据,山地平原界线划分主要依据海拔 100m 等高线,山区与半山区划分主要依据海拔 200m 等高线。在界线初步确定后,通过行政村界线对初步确定的界线进行调整,最终确定不同地貌类型的界线。

12.1.2 研究思路

农村居民点的优化布局必须在分析现状的基础上进行,按照农村产业发展及用地集约化、城镇化的发展要求,结合规划发展目标,对不同类型进行科学合理的调控,以实现居民点空间结构的整合与优化。

首先,从平谷区2004—2011年土地利用现状数据库提取农村居民点用地信息,分析平谷区2004—2011年农村居民点的动态变化特征,并依据景观生态学原理,分析不同地形条件下居民点分布的空间规律。其次,根据地区经济发展的方向和区域资源环境的特点,结合山区和平原区的不同发展条件,分别制定山区和平原区农村居民点的综合发展实力评价指标体系,对农村居民点的综合发展实力进行评价,将评价结果与城镇发展规划相结合,对居民点用地采取分类整合的策略,以促进平谷区人口和产业的集聚,优化小城镇和中心村的发展布局。

12.2 农村居民点用地的时空特征

12.2.1 农村居民点动态变化

由于区域间的自然条件、经济发展水平等方面的差异,农村居民点用地的增减情况不同,在此,利用农村居民点用地扩展指数(SI)分析平谷区居民点用地动态变化的空间差异。

$$SI = \frac{RL_j - RL_i}{TL} \times 100\% \qquad (12-1)$$

式中,SI 为研究区 i 阶段到 j 阶段农村居民点用地变化指数;RL_i 为 i 阶段农村居民点用地面积(hm^2);RL_j 为 j 阶段农村居民点用地面积(hm^2);TL 为研究区域土地总面积(hm^2)。

将农村居民点用地变化指数分为四级。当 $|SI|<0.5\%$ 时,为缓慢变化区;当 $0.5\% \leqslant |SI| <1\%$ 时,为较快变化区;$1\% \leqslant |SI| <5\%$ 时,为快速变化区;当 $|SI| \geqslant 5\%$ 时,为急速变化区。依据以上分级标准可

知，平谷区 2004—2011 年居民点的变化指数为 0.824%，全区农村居民点处于较快变化的状态。其中马昌营、熊儿寨、黄松峪、南独乐河、夏各庄、山东庄等六个乡镇处于缓慢变化的状态，大华山、大兴庄、峪口等三个镇都处于较快变化的状态，东高村、金海湖、刘家店、马坊、王辛庄、镇罗营等处于快速变化区，平谷镇则处于急速变化区（见图 12-1）。

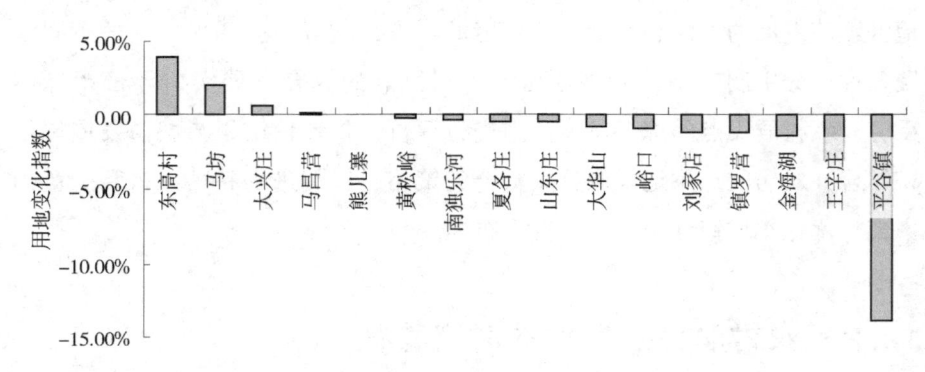

图 12-1　2004—2011 年平谷区居民点用地变化

2004—2011 年平谷区社会经济发展迅速，非农建设用地快速增加。同时，平谷区通过小城镇建设，将镇域范围内的农村居民点用地转为城镇建设用地，用地类型转换是平谷区居民点用地减少的主要原因。在平谷城区大量居民点改为社区，所以平谷镇居民点的变化指数最大；整体上说平原区，受地势的阻力较小，经济发展快，居民点用地增长较快，扣除用地转换后，大兴庄、东高村和马坊的用地变化指数仍为正值，即居民点用地增加量大于用地类型的转换量；在山区、半山区地带，受地形的影响较大，居民点用地的变化指数为负值，即居民点用地的增加量小于用地类型的转换量，如大华山、黄松峪、金海湖、南独乐河、王辛庄、夏各庄和镇罗营等乡镇。

12.2.2　农村居民点用地的空间分布

依据景观生态学原理，从斑块规模、斑块破碎度和斑块形状的角度，分析平谷区2011年农村居民点用地分布特征。其中，斑块规模用斑块总面积（CA）来表示，斑块破碎度用斑块个数（NP）和斑块密度（PD）表示，斑块形状用斑块形状指数（LSI）和面积加权平均分维数（AWMPFD）来反映（TURNER，1991；LEE，1970；Zhou Zaizhi，2000；邓南荣，2009）。将2011年居民点用地转换成10m×10m的Grid格式，运用景观分析软件FRAGSTATS3.3计算农村居民点的景观指数（见表12-1）。

表12-1　平谷区不同区域居民点景观特征指标

分布格局指数	CA	NP	PD	LSI	AWMPFD
山区	1081.4	756	69.91	33.84	1.14
半山区	897.07	552	61.53	25.92	1.13
平原区	4047.06	1563	38.62	40.64	1.12

平谷区居民点用地布局的现状是长期历史演化的结果，但地形等自然条件决定了平谷农村居民点的总体空间格局。在比较开阔的平原地区受地形因素的影响较小，农村居民点主要以团聚状分布，在半山区河谷地带主要以带状分布，在山区的分布则比较散乱，且斑块面积相对较小。反映在居民点用地斑块总面积（CA）和斑块个数（NP）方面，就是在平原区最大，山区次之，半山区最小；在斑块密度（PD）方面，由于平谷城区占据较大的空间，在相当大的空间范围内没有居民点用地，所以平原区单位面积上的斑块个数最小；在斑块形状复杂性（LSI）方面，平原区居民点扩展的约束条件较少，在空间形态上显得较为破碎，故其复杂性最大，而半山区往往是沿沟谷、河流地带分布，所以斑块复杂程度相对较低；但从斑块的平均不规则程度即面积加权平均分维数（AWMPFD）来看，还是山区最大，平原区最小，即反映出地形因素对居民点空间布局有很大的影响和制约作用。

由于历史上缺乏对农村居民点用地的规划和引导，也在一定程度上导致了农村居民点用地布局分散、凌乱，沿交通线蔓延现象较为严重，只有统筹考虑城乡现状，并对城乡经济社会发展统一规划，才能引导区域居民点健康发展。

12.3 居民点用地的综合发展实力评价

平谷区的居民点整治要着眼于协调区域、城乡、社会经济以及人与自然之间等多方面的关系，实现区域的功能定位与发展目标相结合。既要考虑生态涵养区的功能定位，还要考虑资源与环境的承载能力，通过对居民点的综合整治，强化与产业发展的关系，促进和引导产业的整合发展。积极培育发展基础设施完善、发展潜力大、具有重要作用的农村居民点，因地制宜地推进农村居民点的调整布局。

一方面是居民点的无序扩张导致区域优质耕地不断被蚕食，造成土地利用的低效和浪费，且由于缺乏基础设施，农村居民生活居住条件并没有实质提升。另一方面是山区资源优势没有充分发挥，绝大多数山区还相当落后。

如果对平谷平原、山区的居民点综合发展实力采用统一的评价标准，则山区居民点明显处于劣势，且大部分山区的居民点都可以纳入被搬迁之列。大规模的居民点搬迁并不切合区域实际，因为既不能够提供充足的土地资源接纳被搬迁居民，也不利于山区土地资源的开发利用。

平原区居民点的整治要与区内产业发展规划相结合，选择基础设施配套较为完善，且足够产业发展支撑的村庄作为中心村。山区丰富的旅游资源是其区域产业发展的重要支撑，可以选择区内适宜开展建设、区位条件较优，且具有发展潜力的居民点作为优化布局的切入点，统筹布局区内产业发展和功能分区。为此，充分考虑平原、山区的资源禀赋条件，分别制定山区和平原农村居民点的综合发展实力评价指标体系，以确认不同地形条件下村庄发展的潜在实力。

12.3.1 评价指标体系的建立

(1) 平原区评价因子的选取及分级量化

结合区域实际及相关规划,影响平原区农村居民点发展的自然因素主要是地下水源保护区划和地质灾害分布情况。而社会经济因素方面选择人口、基础设施、道路、第二产业、第三产业、与镇区距离等彰显平原区居民点发展潜力的经济指标。

在全国土地调查分类中,将公共管理与服务用地作为一级地类(包括医疗、科教、文体、公共设施等),因此,公共管理与服务用地所占区域建设用地总面积的比例大小,可以反映区域发展的综合实力。产业用地作为反映区域经济发展水平的重要指标,能较为客观地反映村庄经济实力。道路对农村居民点的空间演变过程产生了重要的影响,现代民宅趋于交通路线和集镇中心等辐射性强地段的集聚态势,在此,参照《城镇土地定级规程》中的道路通达度来反映村庄的区位条件。以上三项指标的计算方式如下:

$$P = G/T \times 100\% \tag{12-2}$$

式中,P 为基础设施完善度;G 为村庄内公共管理与服务用地总面积;T 为村庄建设用地总面积。

$$Q = (H+K)/T \times 100\% \tag{12-3}$$

式中,Q 为二、三产业用地比重;H 为村庄内工业仓储用地总面积;K 为村庄内商服用地总面积;T 为村庄建设用地总面积。

$$F = (100 - 100^{1-r_i})/100 \tag{12-4}$$

式中，F 为道路通达度指数；r_i 为道路相对影响半径，计算公式为 $r_i = d/d_i$，其中 d_i 为缓冲距离，d 为影响距离，$d = m/(2l)$，l 为全区主干道路总长度（1194km），m 为平谷区总面积。

各评价因子对农村居民点综合发展实力的影响不是孤立存在的，不同的组合状态下，影响强弱不同，有些相互制约，而有些相互补充。某些指标对居民点用地的综合发展实力影响较大，如人口规模过小，则村庄设施难以配套，在平原区将村庄人口小于 500 人定为不适宜发展的村庄，纳入不适宜发展范围。各评价因子采用量化分级赋值的方法，指标权重采用层次分析法确定（见表 12-2）。

表 12-2 平原区农村居民点综合发展实力评价因子分级指标、分值及权重

系统层	指标层	一级（4分）	二级（3分）	三级（2分）	四级（1分）	五级（0分）	权重
自然条件	地下水源保护区划	无限制区	—	地下水防护区	地下水核心区	—	0.105
	地质灾害分区	非易发区	低易发区	中易发区	高易发区	—	0.125
社会经济条件	总人口规模/人	>3000	2000~3000	1000~2000	500~1000	<500	0.182
	基础设施完善度/%	>20	10~20	5~10	<5	—	0.156
	道路通达度指数	>0.85	0.65~0.85	0.5~0.65	<0.5	—	0.141
	二、三产业用地比重/%	>30	20~30	10~20	<10	—	0.176
	与镇区距离/m	<1000	1000~2000	2000~2500	>2500	—	0.115

（2）山区评价因子的选取及分级量化

影响山区农村居民点发展的自然因素主要有地质灾害分区、地形坡度和海拔等。随着经济发展水平和人民需求层次的提高，郊区旅游度假业将会有长足的发展，平谷山区拥有丰富的旅游资源和良好的生态环境，因此选择总人口规模、基础设施完善度、道路通达度指数、与景点距离等影响山区居民点发展潜力的社会经济因素作为评价指标。

山区居民点发展受地形因素制约较为明显，结合山区居民点用地现状

及发展趋势,把海拔800m、坡度30°作为居民点用地自然条件的临界值,人口小于100人作为社会经济条件的临界值进行居民点综合发展实力评价。其余指标的量化方法同平原区一样,但在区间取值方面与平原区有一定的差别,利用层次分析法确定权重,各指标取值区间及权重见表12-3。

表 12-3 山区农村居民点综合发展实力评价因子分级指标、分值及权重

系统层	指标层	因子分级及分值					权重
		一级(4分)	二级(3分)	三级(2分)	四级(1分)	五级(0分)	
自然条件	地质灾害分区	非易发区	低易发区	中易发区	高易发区	极易发区	0.129
	地形坡度	<5°	5°~10°	10°~20°	20°~30°	>30°	0.095
	海拔/m	<100	100~200	200~500	500~800	>800	0.088
社会经济条件	总人口规模/人	>2000	1000~2000	500~1000	100~500	<100	0.158
	基础设施完善度/%	>15	10~15	5~10	<5	—	0.115
	道路通达度指数	>0.9	0.8~0.9	0.7~0.8	<0.7	—	0.107
	二、三产业用地比重/%	>20	10~20	5~10	<5	—	0.163
	与景点距离/m	<500	500~1000	1000~1500	>1500	—	0.145

12.3.2 综合实力评价结果

结合各指标对居民点综合发展实力的影响程度,提取各评价因子空间信息进行量化分析,最后采用式(12-5)计算评定单元的分值,对居民点的综合发展实力进行评价。

$$\begin{cases} S = 0 & \text{当 } v_k = 0 \text{ 时} \\ S = \sum_{k=1}^{n} w_k v_k & \text{当 } v_k \neq 0 \text{ 时} \end{cases} \quad (12\text{-}5)$$

式中,S 为农村居民点用地的综合发展实力分值;n 为评价因子数;w_k 为第 k 个评价因子的权重;v_k 为第 k 个评价因子的量化分值。

通过各评价单元总分的频率直方图,选择突变点,进行综合发展实力分级,由于评价指标空间叠加后,造成部分居民点用地图斑的切割,经过

目视判断后,将被切割图版进行适当合并,并将全区农村居民点分为四个等级:高发展实力级、中发展实力级、低发展实力级、不适宜发展区。

从评价结果来看,在平原区处于高发展实力级的居民点用地为1079.78hm^2,占平原区居民点面积的26.97%,处于中发展实力级的居民点用地为1716.69hm^2,占平原区居民点面积的42.88%,处于低发展实力级的居民点用地为1034.66hm^2,占平原区居民点面积的25.84%。另外,在平原区有17个村庄的人口数量少于500人,该类村庄在设施配套等方面明显逊色于人口规模较大的村庄,涉及面积为172.35hm^2,属于不适宜发展区。在山区处于高发展实力级的居民点用地为569.47hm^2,占山区居民点面积的27.92%,处于中发展实力级的居民点用地为711.71hm^2,占山区居民点面积的34.89%,处于低发展实力级的居民点用地为712.43hm^2,占山区居民点面积的34.93%。同时,7个村庄的居民点用地位于地质灾害易发区范围,9个村庄人口少于100人,总共涉及面积为46.09hm^2,不适宜用地范畴,需要及时实施搬迁。整体上平原区居民点用地的发展实力处于中等级别的占较大比重,在山区则是发展实力处于低级别的占比较大。

12.4 农村居民点的调控类型

区域内居民点的整治,必须从区域经济建设远景出发,使全区居民点形成一个按不同层次、不同功能和相互协调的有机整体,且应与全区的山、水、田、林的综合治理和农业、工业、商业、文教卫生和交通通信等部门合理配置结合起来,集约利用土地资源,提高公共设施和基础设施服务水平,逐步推进产业向规模经营集中、工业向园区集中、农民向城镇集中。使城市的产业布局与农村非农产业发展合理分工,严格保护基本农田,巩固农业的基础地位,以市场为导向,大力推进农业产业化发展。

12.4.1 居民点用地类型的调控

将平谷区农村居民点综合发展实力评价结果与新城规划中的城镇用

第12章 农村居民点用地的时空特征及分类调控

地规划图进行叠加，对叠加后同一村庄被分割的图斑进行适当合并，根据村庄的发展实力与空间位置，并充分结合区域产业发展，提出撤村改居、联片聚合、积极发展、控制发展、原址改造和整体搬迁等六种方法。

1) 撤村改居。随着城镇化的快速发展和城镇规模的逐步扩大，有部分村庄已成为城中村或城郊村，纳入新城集中建设区和城镇建设范围内的村庄的村民大都不从事农业生产，其主要收入大都来源于二、三产业。对该类村庄应该撤销村委会，改设居委会。本次调控涉及撤村改居村庄的面积有 624.41hm^2，约占全部居民点用地面积的 10.33%，通过农改居实施城乡增减挂钩，可以缓解城镇建设用地指标不足的状况。同时，也要根据城镇规划，对其进行整治，提高该类土地的利用集约度。

2) 联片聚合。针对部分村庄与规划城镇的地理位置相近、经济社会发展环境相同，村庄建设与城镇规划基本已连成一体，但各项建设各自为政，基础设施和服务设施重复建设、土地浪费现象严重的情况，提出联片聚合发展的思路。主要是位于规划城镇范围 1km 的缓冲范围内，涉及村庄面积有 1232.78hm^2，约占全部居民点用地面积的 20.40%，通过整合与城镇已联片的村庄按照"住宅向社区集中"的发展模式，统一规划布局基础设施，有效改善农村的居住环境，也有助于居民点用地的节约集约利用。

3) 积极发展。综合发展实力处于高级别的村庄，其人口规模、设施配套程度、产业发展支撑的条件均处于较高的级别，因此应列为中心村，涉及村庄面积有 857.18hm^2，约占全部居民点用地面积的 14.18%，该类村庄大都交通便利，区位条件较好，且二、三产业发达。对该类村庄应加大基础设施建设，按照"工业向园区集中"的策略，合理规划布局村庄的产业用地，统筹考虑三次产业的发展计划，做好各类用地的功能分区，实施积极发展的策略。

4) 控制发展。新城范围是城市发展的后备空间，同时也承担新城生态保护和水资源保护的重要功能，对新城范围内的村庄要控制其发展，同时也要控制综合发展实力较低的村庄。涉及的村庄面积有 1942.22hm^2，约占全部居民点用地面积的32.14%,对该类村庄要加强控制,同时也要城市发展规划布局及早对其进行综合整治,防止由于不合理的扩大影响后期规划的实施;对山区综合发展实力较低的村庄,通过控制使其自然消亡,对平原区综合发展实力较低的村庄,要通过引导使其科学发展,消亡后的村庄要通过复垦推进农田的集中连片,以便于农业产业化的推进。

5)原址改造。处于中级发展实力的村庄,具有一定人口规模和经济基础,应规划为原址改造,且作为搬迁村庄的接纳地。该类村庄占据的面积较大,有1226.61hm^2,约占全部居民点用地面积的20.30%,该类村庄二、三产业的发展情况相对较为落后,农村居民的就业渠道以农业生产为主,对该类村庄要通过综合整治,将村庄周围的废弃地、建设用地进行复垦,并进行权属调整,以促进优质农田的集中连片,并配套完善农田基础设施、村庄基础设施,提升村庄的生产、生活功能布局。

6)整体搬迁。不适合发展的居民点,存在人口规模过小,或有一定的安全或环境问题,应列入搬迁的范围,涉及村庄面积159.99hm^2,约占居民点用地面积的2.65%。该类居民点应尽早纳入整治的范围,防止相关灾害的发生。同时,在有条件的地区要对其进行复垦,既利于占补平衡的实现,也利于生态环境的恢复。

12.4.2 居民点整治与区域产业发展布局

区域产业发展布局要以实现区域与城乡协调发展为目标,构建符合和促进区域与城乡协调发展的城镇结构和空间布局,实施分区域的发展策略,通过居民点的综合整治构建布局合理的村庄体系,实现平原、山区的统筹发展。

西南部平原区包括平谷、东高村、大兴庄、马坊和马昌营五个乡镇。该区居民点斑块规模相对较大、斑块密度高,布局上呈现出集中联片的趋势,通过区域村庄的联片聚合发展可以减少斑块的数量,提高土地利用的集约度。区内的种植业中粮食生产占绝对优势,南部以蔬菜基地为主,中

第 12 章　农村居民点用地的时空特征及分类调控

部主要为粮食产区。该区居民点整治应围绕农业产业化,通过承包土地的空间置换与调整,改变耕作单元分散的格局,增加农户耕作单元面积,提高农业机械化水平和劳动生产率,降低农业生产成本,增加农业生产综合效益,以优势农产品的规模生产、加工和物流业为重点,挖掘现代农业多领域的就业空间,促进农民向现代农业产业工人转变和加快向非农产业转移就业。

北部和东北部山区包括大华山、镇罗营、熊儿寨、黄松峪四个山区乡镇,及刘家店、峪口、王辛庄、山东庄、南独乐河、夏各庄和金海湖七个既有平原又有山区半山区乡镇。该区综合发展实力较高的村庄大都分布在浅山地带。该区农业在远山地带以水源涵养林、水土保持林为主,近低山是一个过渡地带,条件优越,农业生产应以粮油果种植为主,其中林果生产作为平谷的主要特色产业,肩负为首都提供干鲜果品的重任。该区的居民点整治要强化区内基础设施建设,完善旅游服务基地的功能,依据山区的特点分别组建北山外环带、北山内环带和浅山地带等承载不同功能的景区和项目组合区的功能组团,形成"景点或项目+服务设施+农家乐+采摘区"的组团式发展模式,通过组团式设计,实现项目的带动作用,强化每个旅游景点或项目的服务功能和盈利功能。

12.5　小结

城市化不是农村向城市的单向转移过程,它既是农村的发展,也是城市的成长。农民需求与城市需求之间既有一致性,也有矛盾性。它们的一致性表现为:通过满足城市的需求,能够不断地解决农村生活中的一些现实问题。从农民的角度,往往希望留给自己的不动产多一些,利用各类设施更便捷一些,居住稳定一些,在调整中能够得到的利益多一些;而城市的需求是要使局部的人均建设用地尽量少一些,调整力度大一些,调整的补偿支出和设施的建设投入节省一些等。协调好农民需求与城市需求之间

— 159 —

的关系是合理布局的重点和难点。

优化农村居民点的布局,是推进城镇化快速发展的重要环节之一。本章在分析平谷区村庄空间分布格局的基础上,依据区域实际分别构建山区、平原区村庄的综合发展实力评价指标体系,评价村庄的综合发展实力,结合城镇土地利用规划,提出了不同村庄的调控类型及区域产业发展规划。分区评价与布局的思路,既考虑山区居民的生活习惯与就业方向,也利于规划方案的落实。

农村居民点作为农村人地关系的表现核心,其空间布局还受物质环境、居民思想观念等因素影响。本研究将图形数据和数字数据相结合,而数字数据以行政村为单元,两种数据叠加后,有一定数量的行政村都跨越了多个级别,造成部分居民点用地也被切割,因此在文中均对同一行政村被切割的居民点用地做了适当合并,此时评价结果只能反映多数农村居民点的整体情况。在居民点用地综合发展实力评价中如何建立一套更加符合区域实际的评价指标体系值得做进一步的深入探究。

第 13 章

生态刚性约束下山区农村居民点整治与调控

在经济新常态、新型城镇化的历史背景之下,协调好农村建设用地与地域生态系统的关系,实现低效农村建设用地的有效整合,既是土地整治工作的关键所在,也是学术界和政府共同关注的焦点(曲衍波,2010、2013;严金明,2012;李乐,2011;陈然,2012;周伟,2011)。农村居民点作为农村建设用地的主要组成部分,多方位地考察其演化特征,并制定出切实可行的用地管理措施,对于推动用地制度改革具有积极的现实意义。围绕社会转型过程中农村居民点呈现出的演化分异状况,众多专家学者从农村居民点的利用形态、尺度特征、功能识别和农户分化方面开展了系列研究,并取得了富有实际意义的研究成果(晨光,2015;沈陈华,2012;张佰林,2014;宋志军,2013;冯应斌,2015)。农村居民点整治是优化乡村空间结构、提升用地效率的重要途径,在山区推动建设用地的整治则要给予更多的生态安全考量,但是现有的整治案例多是以补充耕地面积、增加建设用地指标为主要目的(龙花楼,2009;何英彬,2009;曲衍波,2012),跑偏的整治目的往往给区域生态系统带来破坏,并容易诱发水土流失以及乡村特色景观资源丧失等一系列问题(谢花林,2011),因此,强化农村居民点整治生态安全方面的研究显得十分迫切和必要。

门头沟区作为北京市的近郊区和生态涵养区,其区内村庄建设用地整治工作的推进,必须以保障生态安全、促进经济发展、建设宜居城市为目的，即在生态安全容许的范围内，基于对农村居民点的科学评价，提出不同类别的整治模式和调控方向，在顺应历史发展规律的基础上，推动低效农村居民点用地的"精明退出"，进而加速首都地区的宜居城市建设，最终实现区域生态环境优美、乡土文化传承、人居环境优良、农民富足安康、城乡平衡发展的历史新格局。

13.1 研究思路

首先，结合区域自然与社会规划因素，建立国土空间生态重要性评价体系，识别出维护国土生态安全的健康底线，将其列为村镇扩张和土地开发利用的刚性限制条件。其次，以村域数据为基础，构建农村居民点综合发展程度评价体系，对农村居民点的发展水平进行类别划分；依据国土空间的生态重要性和农村居民点综合发展程度评价结果，搭建互斥性组合矩阵，进而判别区域农村居民点整治的类型和调控方向。最后，综合分析退出农村居民点用地的景观格局特征和空间邻接特征，结合山区农村社会发展的趋势判读，提出山区农村居民点的"精明退出"路径，以便于从宏观上预防山区村庄整治可能带来的生态问题，并制定相应的分区管制措施，以期实现村庄合理布局和优化资源配置，促进区域人口、资源与生态环境的协调发展。

13.2 国土空间生态重要性和居民点综合发展程度评价

13.2.1 国土空间生态重要性评价

以国土空间生态安全的相关理论为指导，以指标的代表性、独立性和数据的可获取性为原则，强调农村居住空间与自然环境的和谐共生，坚持在发展过程中，自然环境得以最大保护的基本原则，结合研究区域的特点，从生态服务性和生态敏感性两方面选取评价因子，以理清研究区生态重要性空间的分布规律。

(1) 生态服务性

生态用地空间的重要性首先与其土地类型有关，由于耕地是投入更多水肥的快速循环的高效人工生态系统，相关学者已经证明单位面积耕地的生物量比林木和草地大得多，所以耕地的生态服务功能在某种程度上要优于林地和草地生态系统；其次，生态用地空间的重要性与土地面积大小有关，某种类型的土地面积越大，其承载能力、生物多样性和抵抗干扰的能力相对就越强，生态系统活力就相对越高，结合区域地块面积的实际情况，在此以 5hm² 为等差给不同面积地块赋予相应的分值；最后，为了保护区域水资源安全，北京市规划了地表水资源保护区，并给予不同的保护力度，其生态服务性也具有一定的差异。

(2) 生态敏感性

河流在维护区域景观质量、改善城市空间环境、保障区域水资源安全等方面起着重要的作用，国土空间的生态重要性与河流的距离密切相关，距离河流越近其用地格局对区域生态的敏感反映就越强烈，由于门头沟水资源较为缺乏，仅有清水河、永定河两条区域性的河流，经过多次讨论，结合山区特点和参照相关研究，制定了 500m 等差的分级，并赋予相应的分值。土壤是人类赖以生存和发展的重要自然资源，是反映土壤栖息地与基因库功能的重要指标，为了反映区域生态的敏感性，根据数据的可获取性，经过相关学科专家的多次讨论，选取土壤质地、土层厚度等因子，并将其与坡度、地质适宜分区相结合，以综合反映区域的生态敏感性。

依据各项指标对国土空间生态安全的影响程度，经过相关学科专家的讨论，确定每个参评指标的分值和评价权重（见表 13-1）。通过指数加权模型计算每个评价单元的总分值，公式如下：

$$Q = \sum_{i=1}^{m} P_i H_i \tag{13-1}$$

式中，Q 为国土空间生态安全评价综合总分值；m 为评价因子数；H_i 为第 i 个评价因子的量化分值；P_i 为第 i 个评价因子的权重。

表 13-1　国土空间生态重要性评价体系

系统层	指标层	极重要 5分	重要 4分	较重要 3分	一般 2分	不重要 1分	权重
生态服务性	用地类型	水域	耕地	林地/园地	草地、未利用地、其他农用地	建设用地	0.136
	地块面积/hm²	≥20	[15, 20)	[10, 15)	[5, 10)	<5	0.097
	地表水源保护区	一级水源地保护区	二级水源地保护区	三级水源地保护区	—	其他区域	0.119
生态敏感性	距离河流的距离/m	≤500	(500, 1000]	(1000, 1500]	(1500, 2000]	>2000	0.112
	坡度/°	>25	(15, 25]	(8, 15]	(5, 8]	≤5	0.151
	地质条件	高发区	高易发区	中易发区	低易发区	不发区	0.165
	土壤质地	中壤	轻壤	重壤	砂壤	砾质	0.128
	土层厚度/cm	>150	(100, 150]	(60, 100]	(30, 60]	≤30	0.092

13.2.2　农村居民点综合发展程度评价

在社会转型过程中，以产业为载体的各种生产要素之间的交换，导致不同区位农村居民点的内部结构发生了显著分异，较为明显的特点是发达地区的工商企业和服务设施用地面积在不断增加，并能在一定程度上反映出农村居民点综合发展程度的高低。评价村庄的综合发展程度需要用多维度的指示性指标，考虑到数据资料的可获得性，本研究从发展基础和发展水平两个方面来综合评价农村居民点的综合发展程度（见表 13-2）。

表 13-2 农村居民点综合发展程度评价指标体系

系统层	指标层	因子分级及分值					权重
		5分	4分	3分	2分	1分	
发展基础	村庄总人口/人	>1000	800~1000	300~800	100~300	<100	0.178
	村庄建设用地总面积/hm²	>40	30~40	20~30	10~20	<10	0.092
	耕地总面积/hm²	>50	30~50	20~30	10~20	<10	0.095
发展水平	基础设施完备度/%	>20	15~20	10~15	5~10	<5	0.174
	道路通达度指数	>0.9	0.8~0.9	0.7~0.8	0.6~0.7	<0.6	0.105
	非农产业用地比重/%	>40	30~40	20~30	10~20	<10	0.163
	人均收入/元	>22000	18000~22000	14000~18000	10000~14000	<10000	0.193

注：历史文化村不在评价范围内。

(1) 发展基础

土地、劳动力和资本是经济发展的三大支撑要素，也是村庄发展的潜在基础条件。为了度量村庄发展基础差异程度，在此，选取村庄总人口、村庄建设用地总面积和耕地总面积作为衡量村庄发展基础的评价指标。

(2) 发展水平

公共管理与公共服务用地（包括教育、医疗、文体、公共服务设施等）所占区域建设用地总面积的比重，在一定程度上可以反映出村庄的基础设施完备程度，体现出村庄的发展水平：

$$V = G/T \times 100\% \qquad (13-2)$$

式中，V 为基础设施完备度；G 为村庄内公共管理与公共服务用地总面积；T 为村庄建设用地总面积。

非农产业用地作为衡量村庄转型程度的重要指标，能够客观反映村庄的发展水平：

$$Q = (E+F)/T \times 100\% \qquad (13-3)$$

式中，Q 为非农产业用地比重；E 为村庄内第二产业用地面积（工业仓储用地）；F 为村庄内第三产业用地面积（商服用地）；T 为村庄建设用地总面积。

道路的通达性是反映居住空间生产、生活是否便利的指示性指标，现代民宅分布趋于向交通沿线地段集聚：

$$K = (100 - 100^{1-r_i})/100 \qquad (13-4)$$

式中，K 为道路通达度指数；r_i 为区域道路的影响半径，计算公式为 $r_i = d/d_i$，其中 d_i 为缓冲距离，d 为影响距离，$d = m/(2l)$，l 为门头沟区交通主干道的总长度（377.53km），m 为门头沟区的国土总面积（1449.23km^2）。

随着社会的转型，农村的就业结构逐步呈现出多元化趋势，非农就业渠道的增加导致农民的收入水平不断提升，人均收入是反映村庄发展程度的重要指示性指标。

不同指标对居民点综合发展程度的影响、贡献不同，经过多次综合修订，最后确定各单因子重要性分别赋值为 5、4、3、2 和 1，利用层次分析法确定各因子的评价权重见表 13-2。采用式（13-5）计算农村居民点综合发展程度分值。

$$S = \sum_{k=1}^{n} w_k y_k \qquad (13-5)$$

式中，S 为农村居民点综合发展程度总分值；n 为评价因子的个数；y_k

为第 k 个评价因子的量化分值；w_k 为第 k 个评价因子的权重。

13.2.3 评价结果与分析

(1) 国土空间生态重要性评价结果

运用国土空间生态重要性评价综合总分值的频率直方图，选择突变点，划分各级国土空间生态重要性级别区间，其划分标准是：极重要（>3.17）、较重要（2.75~3.17）、一般（<2.75）。

国土空间生态重要性评价处于极重要（High Important，HI）的地区主要分布在门头沟中西部的清水大部、斋堂南部和雁翅中部，区域面积为458.00km²，约占全部国土面积的31.60%。该区域包含了京都第一峰的灵山和华北天然植物园的百花山，区内广泛分布着高山草甸和次生林，生物多样性丰富，是北京市特有的动植物基因资源库；由于该区山高、谷深，整体的地质环境脆弱，对外界抗扰动能力差，所以将本区列为生态管控的刚性空间，强化生态管控，禁止任何行为的开发建设。

国土空间生态重要性评价处于重要（Middle Important，MI）的地区主要分布在斋堂北部、雁翅北部和大台办事处，区域面积为611.37km²，约占全部国土面积的42.19%。该区域环绕在生态极重要地区周边，有效构筑起西山地区极重要生态用地周边的缓冲带和生态廊道，同时也是重要生态斑块和水源地保护区的分布空间，该区域在调节区域小气候、水土资源保护等方面发挥着重要的作用。

国土空间生态重要性评价处于一般（Low Important，LI）的地区主要分布在永定镇、潭柘寺镇、军庄镇、王平镇和龙泉镇，区域面积为379.86km²，约占全部国土面积的26.21%。该区域主要处于浅山河谷地带，整体的海拔相对较低、坡度较为平缓，是门头沟区经济发展的核心区域。由于区内村镇建设用地占据较大的比重，国土空间的生态服务功能相对较弱，区域生态系统对外界有较强的抗干扰能力。

(2) 农村居民点综合发展程度评价结果

2013年全区农村居民点总面积为1204.25hm²。门头沟区作为北京近郊区县，区内历史文化传统村落众多，其中，爨底下村、灵水村、沿河城村、燕家台村、椴木沟村等村庄为中国历史文化名村，该类村庄保留了丰富多彩的民俗风情、传统技艺和民间艺术，极具地方特色。对涉及历史文化名村，要通过建筑修葺与区域环境整治相结合，以满足居民生活和旅游服务的需要为目标，强化基础设施建设，本次不参与综合发展程度评价的历史文化村庄总面积为152.20hm²。

在运用自然断点法，划分居民点综合发展程度的级别区间，将参与农村居民点综合发展程度评价的农村居民点划分为三个级别：高发展程度（>2.86）、中发展程度（2.24~2.86）、低发展程度（<2.24）。

依据农村居民点综合发展程度评价结果，处于高发展程度（High Development，HD）的农村居民点主要分布在门头沟中东部的浅山地带，该类村庄往往处于交通干线附近，发展基础较好，人口规模较大，且具有良好的产业基础，村域整体的设施配套相对完善，综合发展水平较高。处于高发展程度的农村居民点面积为433.91hm²，占全部参评村庄总面积的41.24%。

处于中发展程度（Middle Development，MD）的农村居民点主要分布在门头沟的中北部地区，该类村庄大都具有较大的人口规模和耕地面积，发展基础良好，但是在社会转型过程中，由于远离交通干线，缺乏有特色的产业基础，整体的人均收入水平较低，村庄基础设施发展不配套。处于中发展程度的农村居民点面积为448.63hm²，占全部参评村庄总面积的42.64%。

处于低发展程度（Low Development，LD）的农村居民点多沿河流谷底分布在深山区，受地形影响，呈现出规模小、布局分散的状态，基础设施建设水平低，缺乏产业支撑，发展条件受到严重制约。处于低发展程度的农村居民点面积为169.51hm²，占全部参评村庄总面积的16.11%。

(3) 居民点整治与调控类型划分

将国土空间生态重要性分布图与农村居民点综合发展程度图进行空间叠加，判别不同发展程度的农村居民点所处的生态重要性区间，依据叠加的结果将区域农村居民点用地划分为九种类型（HD-HI、HD-MI、HD-LI、MD-HI、MD-MI、MD-LI、LD-HI、LD-MI、LD-LI），各类型的面积见表13-3。以维护区域国土生态安全的健康为目的，结合农村居民点的综合发展程度，将区域的农村居民点划分为积极发展、限制发展、转型发展和退出利用四种调控类型。

表13-3 农村居民点整治与调控类型判别表

(单位：hm²)

类型	高发展程度（HD）	中发展程度（MD）	低发展程度（LD）
极重要（HI）	111.85/限制	82.39/限制	24.31/退出
重要（MI）	128.11/积极	133.40/转型	53.40/退出
一般（LI）	193.95/积极	232.84/转型	91.80/退出

①积极发展。包括HD-MI和HD-LI两种用地类型，涉及的农村居民点总面积为322.06hm²。该类型的农村居民点，在国土空间生态重要性评价中处于较为安全的用地区间，且具有较强的生态承载能力，对其进行整治改造、提升利用不会对区域生态环境带来较大的安全隐患；该类型村庄具有良好的基础设施和支撑产业，要加快其公共基础设施建设力度，并预留适度的发展空间，作为产业转移人口的承接地，进一步提升其中心村地位。

②限制发展。包括HD-HI和MD-HI两种用地类型，涉及的农村居民点总面积为194.24hm²。该类农村居民点整体的综合发展程度较高，且位于生态敏感区；对待该类农村居民点，要对其发展空间给予严格限制，在不突破现有村庄用地规模的前提下，通过村庄内部的梳理改造积极发展环

境友好型产业,防止不当的用地扩展带来的生态危害。

③转型发展。包括 MD-MI 和 MD-LI 两种用地类型,涉及的农村居民点总面积为 366.24hm²。该类农村居民点受生态环境制约的因素相对较小,该类村庄大都具有良好的农业生产条件和较大的人口规模,但是由于缺乏相应的基础设施,加之产业结构调整不到位,使村庄丧失了竞争力;对待该类农村居民点,要在保证生态安全的前提下,完善基础设施配套,尤其是交通建设,利用有利的农业基础条件,积极发展特色农业、观光农业,通过产业的转型发展,提升农民的收入水平。

④退出利用。包括 LD-HI、LD-MI 和 LD-LI 三种用地类型,涉及的农村居民点总面积为 169.51hm²。该类农村居民点规模小,分布较为散乱,交通通达度极低,缺乏产业基础,整体发展水平低下;该类居民点的最终命运是被废弃利用,故要杜绝对其进行基础设施建设,通过村庄人口的逐步转移,加快其自然消亡的速度。

13.3 基于景观生态学理论的农村居民点退出路径分析

为了落实18亿亩耕地保护红线,控制城乡建设用地总规模,国土资源管理部门相继实施了耕地占补平衡和城乡建设用地增减挂钩政策,即通过对废弃农村建设用地的拆迁复垦,换取城市周边的建设用地指标,实现区域耕地数量的动态平衡。但是,在城市化进程中,随着非农就业机会的增加,农民弃耕到城市打工是历史发展的必然趋势,受地形条件的影响,山区耕地资源禀赋差,地块零碎,机械化耕作困难,不能通过流转实现有效的规模经营,加之农业生产的效益低下,现有的边际耕地被大量撂荒,因此,在山区复垦农村居民点并非明智之举。

依据景观生态学理论,景观格局指数可以准确反映出景观斑块的空间分布特征,并被广泛应用到土地利用格局分析之中。本节以退出利用农村居民点的景观格局特征和空间邻接特征为切入点,为山区废弃农村居民点的整治利用方向提供决策依据。

13.3.1 退出利用的农村居民点的景观格局特征分析

将2013年门头沟区农村居民点用地和退出利用农村居民点用地转换成10m×10m的GRID格式，运用FRAGSTAT3.3计算农村居民点用地的景观格局指数（见表13-4），选取斑块个数（NP）和平均斑块面积（AREA-MN）表征斑块的规模状况，用斑块平均最近距离（ENN-MN）和聚集度指数（AI）表征斑块破碎程度。

表13-4 门头沟区农村居民点的景观特征指标

景观格局指数	NP	AREA-MN	ENN-MN	AI
退出利用的农村居民点	232	0.7123	187.2401	87.4581
全区域的农村居民点	996	1.2088	162.9627	89.0348

由于山高沟深，受地形限制，山区的农村居民点显得较为破碎、凌乱，全区域1204.25hm^{2}的农村居民点用地，其斑块个数为996个，而退出利用的农村居民点面积为169.51hm^2，其斑块个数为232个，从表13-4可以看出，退出利用的农村居民点平均规模远远小于区域平均值。对零星分布在沟谷地带，且交通不便的农村居民点进行复垦，不仅需要付出极高的物质代价，而且存在较大的生态风险；另外，由于分布散乱，复垦后不能有效促进规模经营，降低农业生产成本，增加了复垦后即被弃耕的可能性。因此，从景观格局特征来看，门头沟区退出利用的农村居民点不适宜被复垦为耕地。

13.3.2 退出利用的农村居民点的空间邻接特征分析

斑块的空间邻接特性是研究景观斑块是否适宜某种用地类型的自然基础，假如农村居民点与耕地相邻，且其邻接比例高于50%，表示农村居民点的周围大部分被耕地包围，说明农村居民点复垦为耕地也具有一定的自然适宜性，在此种情况下，对农村居民点的复垦还可以有效促进农地的规模经营；反之，则不适宜。

结合研究需要，参照相关的土地分类标准（汤萃文，2013；吴江国，2013），将门头沟区的全部用地类型归并为耕地、林地、园地、牧草地、其他农用地、未利用地和建设用地等，在 ArcGIS 软件支持下，通过对退出利用的农村居民点和全区域地类图斑的叠加运算，获取退出利用的农村居民点与周边景观斑块的空间邻接长度和比例，从空间邻接类型分析居民点复垦的适宜性。

由于门头沟区森林覆盖率高达73%以上，因此，散落在深山沟谷地带的居民点周围邻接比例最大的用地类型是林地，即其较为适宜的转换类型是林地和园地，退出利用的农村居民点与耕地邻接的比例仅占4.66%，从空间邻接特征来看，门头沟区退出利用的农村居民点也不适宜被复垦为耕地，具体见表13-5。

表 13-5　退出利用的农村居民点空间邻接特征

邻接类型	邻接比例/%	邻接长度/m
耕地	4.66	3470.26
林地	34.03	25357.40
园地	20.25	15088.07
草地	10.63	7921.24
其他农用地	1.37	1018.45
未利用地	1.19	886.42
建设用地	27.87	20764.96
合计	100	74506.80

13.3.3　退出利用的农村居民点的整治路径选择

在农业社会时代，由于生产力低下，扩大耕地规模是养活不断增长的人口的唯一出路。随着社会的转型，山区人口外流，耕地荒芜是主流趋势。在生态系统脆弱的山区，进行大规模的土地整治活动不仅容易诱发生态灾害，而且由于耕作效益低下，还存在复垦即被撂荒的可能性，容易导致过程性浪费。为此，我们要充分认识土地利用覆盖的分布和演替规律，深刻理解生态系统的修复力，因为随着人为活动的撤出，山区的自然植被将逐渐恢复到与区域水热条件相适应的群落，所以对待废弃的居民点不需要人为因素的过度参与，可通过生态系统的自我修复能力来实现其"精明退出"。

13.4 小结

近年来，在城镇化的快速推进过程中，人们对国土空间的利用强度日益加大，城市扩展、土地复垦等强势干扰活动，在给人类带来巨大经济利益的同时，也导致区域的自然生态系统格局常常被打破，从而使国土空间的生态安全受到威胁。有鉴于此，本研究在国土空间生态重要性评价的基础上，统筹考虑村庄的综合发展水平，通过对两项评价结果的空间叠加，获取不同发展程度农村居民点所处的国土空间生态重要性区间，将区域的农村居民点划分为积极发展、限制发展、转型发展、退出利用四种类型，各类型的面积依次为 322.06hm^2、194.24hm^2、366.24hm^2、169.51hm^2，基于各个类型的特征及资源禀赋条件，提出相应的土地整治措施与调控方向。依据其景观格局特征和空间邻接特征，本研究认为门头沟区的废弃农村居民点不需要人为因素的过度参与，通过生态系统的自我修复能力来实现其"精明退出"。维护山区国土空间的生态安全，需要理清区域土地生态系统和经济社会系统发展规律，并慎重实施城乡建设用地增减挂钩项目，避免造成过程性浪费。

实现山区农村社会经济发展的安全与高效，需要在明确区域功能定位的基础上，依据村庄的经济发展水平、人口变动趋势、资源环境约束情况，对农村居民点进行类型划分，并以控制时点、调整方向和优化模式为目标，搭建生态环境保护、产业培育及基础设施投入的综合平台，通过有效的布局、引导，推动区域社会经济的顺利转型。科学推动山区农村居民点的整治还要适时配套土地产权制度改革，并统筹户籍管理、村镇建设等相关部门，从社会管理、组织方式和监管手段等方面对农村居民点整治做出合理的时序安排。

大量研究实践表明，评价指标体系的构建是评价工作的重点，本研究需要使用不同尺度、不同类型的数据支撑，虽然在此方面做了辛苦探索，但部分因素还是无法有效获取，使文中的部分评价数据只能使用综合处理或替代表征。在此，仅对门头沟区的农村居民点这一种用地类型做了肤浅分析，受知识水平和研究能力的限制，对该区域内广泛分布的矿山企业用地缺乏系统性的思考，今后还需要针对矿山企业用地开展深入而广泛的研究。

第 14 章 ▶

都市郊区国土空间整治的保障措施和政策建议

为了健全和完善都市郊区国土空间的效果，推动土地整治工作的顺利开展，本章从保障措施和政策建议两方面进行阐述和说明，以确保都市郊区国土空间整治目标的顺利实现。

14.1 都市郊区国土空间整治的保障措施

14.1.1 加强都市郊区的整治力度，实现郊区的减量提质

深入落实首都城市战略定位，建设国际一流的和谐宜居之都，必须把城市和乡村作为有机整体统筹规划，破解城乡二元结构，推进城乡要素平等交换、合理配置和基本公共服务均等化，推动城乡统筹协调发展。充分挖掘和发挥城镇与农村、平原与山区各自优势与作用，优化完善功能互补、特色分明、融合发展的网络型城镇格局。全面推进城乡发展一体化，加快人口城镇化和经济结构城镇化进程，构建和谐共生的城乡关系，形成城乡共同繁荣的良好局面，成为现代化超大城市城乡治理的典范。

坚决整顿、清退不符合首都功能的产业，结合不同地区资源禀赋、区位条件和功能定位，积极发展宜绿、宜游、宜农的都市型休闲产业。以承接市民游憩和休闲养生为导向，现有集体建设用地再利用和集体产业发展

应充分与城市功能相衔接。第一道绿化隔离地区重点发展服务城市功能的休闲产业、绿色产业，第二道绿化隔离地区重在提升环境品质，发展城乡结合、城绿结合的惠农产业、特色产业。

14.1.2 落实"土地整治+"理念，扩大土地整治的综合效益

以绿色发展、循环发展、低碳发展为导向，对区域内的水、大气、土壤等国土资源的污染采取综合防治措施。在整体国土空间上形成节约资源和保护环境的空间格局，构筑国土全域空间的生态安全屏障，提高人民生产生活环境水平，助力区域高质量发展。

基于土地整治的基本功能，全面树立"土地整治+"基本理念，从土地整治规划、项目实施、后期管护、监测监管、统筹谋划，发挥土地整治$1+N$的成效。坚持规划先行是确保土地整治工作顺利推进的关键，用好土地政策、统筹土地资金、配置各类资源，运用全域整治发展，提升土地整治的综合效益。

14.1.3 运用政策创新和工程技术创新，推动土地整治高质量发展

创新是引领发展的第一动力，国土空间整治还存在相当程度的机制性障碍，地方政府、市场、集体经济组织和农户等积极性都没有充分调动。破除机制障碍，合理运用政策创新能够明显增强地方土地整治的发展活力。要按照城乡融合发展和土地供给侧结构性改革的要求，围绕解决乡村用地空间优化、用地结构调整、用地品质改善、用地效率提升的关键问题，从创新土地整治政策措施、完善实施管理机制、拓展资金渠道、保障乡村发展用地等方面出台国家政策，制定从规划管理、耕地保护、优化利用到监测监管等相关配套政策措施。

传统的以项目为单位的土地整治管理方式已经对技术工程创新、政策机制创新形成了明显阻碍，很容易因为某些细节规定造成执行上的断链，即使勉强符合了规定也容易导致不符合当地实际的情况发生。建议加大土

地整治规划引导力度，实施单元式全域土地整治，允许以土地整治为平台实现单元内土地资源的统筹配置，优化城乡用地格局和生产生活生态各类空间。

14.2 都市郊区国土空间整治的政策建议

14.2.1 坚持生产空间的集约高效，突出农业景观效果

以国有低效存量产业用地更新和集体产业用地整治改造为重点，促进产业转型升级。对集中建设区外零散分布、效益低的工业用地坚决实施减量腾退，退出后重点实施生态环境建设。集中建设区内的工业用地重点实施更新改造、转型升级，鼓励既有产业园区存量更新，利用腾退空间建设产业协同创新平台，吸引和配置高精尖产业项目。

坚持绿色发展、循环发展、低碳发展，全面推行源头减量、过程控制、纵向延伸、横向耦合、末端再生的绿色生产方式。推行清洁生产，发展循环经济，形成资源节约、环境友好、经济高效的产业发展模式。区内农业生产空间的优化要以都市农业功能的实现为基础，采取彰显都市型农业功能的整理模式和建设方式，通过系列的景观改造，为首都戴上绿项链，在坚持耕地数量质量并重的前提下，把优质耕地和经过土地整治的耕地优先进行保护，按照"山水林田湖草"生命共同体理念系统整治区域农业生产空间，全面提升农田景观，将景观建设与宜居城市建设紧密结合，提升区域生态功能效果。

14.2.2 坚持生活空间的宜居适度，提升人民生活品质

满足人民群众对生活性服务业的普遍需求，着力解决供给、需求和质量方面存在的突出矛盾和问题，推动生活性服务业便利化、精细化和品质化发展，优化消费供给结构，提高消费供给水平，推动形成商品消费和服

务消费双轮驱动的消费体系。

全面落实居住公共服务设施配置指标,引导疏解腾退空间优先用于补齐城市公共服务设施短板,做好国有企业原有商业网点等资源及闲置空间的再利用。注重城市综合治理,提高街区环境品质。优化便民服务设施布局,规范提升百姓周边的菜场、商铺、社区服务设施的服务品质。按照不同功能区块,培育构建完整的街区生态系统。

14.2.3 坚持生态空间的山清水秀,健全市域绿色体系

统筹山水林田湖等生态资源保护利用,严格保护生态用地,提升生态服务功能。山区开展整体生态保育和生态修复,加强森林抚育和低效林改造,提高林分质量。推进对泥石流多发区、矿山治理恢复区等重点地区的土地利用综合整治。平原地区重点提高绿地总量和质量,构建乔灌草立体配置、系统稳定、生物多样性丰富的森林生态系统,强化生态网络建设,优化生态空间格局。统筹考虑生态控制区内村庄长远发展和农民增收问题,建设美丽乡村。

构建多类型、多层次、多功能、成网络的高质量绿色空间体系。完善以绿兴业、以绿惠民政策机制,不断扩大绿色生态空间。着力建设以绿为体、林水相依的绿色景观系统,增强游憩及生态服务功能,重塑城市和自然的关系,让市民更加方便亲近自然。

参 考 文 献

[1] A Charnes, W W Cooper, Q L Wei, et al. Cone Ratio Data Envelopment Analysis and Mufti-objective Programming [J]. International Journal of Systems Science, 1989 (20): 1099-1118.

[2] Acton D L, Gregorich L J. The Health of our Soils: Toward Sustainable Agriculture in Canada [J]. Centre for Land and Biological Resources Research, Research Branch, Agriculture and Agri-Food Canada, 1995: 155-187.

[3] Aitken, William, Darren. Planning and Controlling Projects [J]. Scitech Educational, 2000: 134-136.

[4] Angus G Yu, Peter D Flett, John A Bowers. Developing a Value-centered Proposal for Assessing Project Success [J]. International Journal of Project Management, 2005, 23 (6): 400-428.

[5] Anne D B. The Political Economy of Industrialization [J]. European Journal of Political Economy, 2006, 22: 887-907.

[6] Barrow, Christopher J. Environmental Management: Principles and Practice [J]. Rout ledge, 1999: 213-149.

[7] Burger J, Gochfeld M, Greenberg M. Natural Resource Protection of Buffer Lands: Integrating Resource Evaluation and Economics [J]. Environ Monit Assess, 2008, 142: 1-9.

[8] Calow P. Critics of Ecosystem Health Misrepresented [J]. Ecosystem Health, 2000, 6 (1): 3-4.

[9] Castro Coelho J, Aguiar Pinto P, Mira da Silva L. A Systems Approach for the Estimation of the Effects of Land Consolidation Projects (LCPs): a Model and its Application [J]. Agricultural Systems, 2001, 68 (3): 179-195.

[10] Coelho J C, Portela J, Pinto J A. A Social Approach to Land Consolidation Schemes: A Portuguese Case Study: the Valence, A Project [J]. Land Use Policy, 1996, 13 (2): 129-147.

[11] Costnaza R, Arge R, Groot R, et al. The Value of the World's Ecosystem Services and Nature Capital [J]. Nature, 1997, (386): 253-260.

[12] Deis D R, French D P. The use of Methods for Injury Determination and Quantification From Natural Resource Damage Assessment in Ecological Risk Assessment [J]. Human Ecol Risk Assess, 1998, 4: 887-903.

[13] Department of the Environment, Transport and the Regions. KPI Report for the Minister for the Construction [M]. London: Eland House Bressenden Place, 2001: 93-95.

[14] Doran J W, Coleman D C, Bezdicek D F. Defining Soil Quality for a Sustainable Environment [J]. SSSA Special Publication, 1994, 35.

[15] Du Yang, Albert Park, Wang Sangui. Migration and Rural Poverty in China [J]. Journal of Comparative Economics, 2005, 33 (4): 688-709.

[16] Dumke, Reiner. Performance Engineering: State of the art and Current Trends [M]. Berlin, New York: Springer, 2001: 11-55.

[17] Erich Weiβ. 联邦德国的乡村土地整理 [M]. 贾生华, 译. 北京: 中国农业出版社, 1999: 12-15.

[18] Kullenberg G. Regional c-development and Security: a Comprehensive Approach [J]. Ocean & Coastal Management, 2002, 45: 761-776.

[19] LEE D R G T, SALLEE. A Method of Measuring Shape [J]. Geographical Review, 1970 (60): 555-563.

[20] Liu Zhiqiang. Human Capital Externalities and Rural Urban Migration: Evi-

dence From Rural China [J]. China Economic Review, 2008, 19 (3): 521-535.

[21] Long H L, Liu Y S, Wu X Q, et al. Spatio-temporal Dynamic Patterns of Farmland and Rural Settlements in Su-Xi-Chang Region: Implications for Building a new Countryside in Coastal China [J]. Land Use Policy, 2009, 26 (2): 322-333.

[22] Maria Silvia Calvo-Iglesias, Urbano Fra-Paleob, Ramón Alberto Diaz-Varela. Changes in Farming System and Population as Drivers of Land Cover and Landscape Dynamics: The Case of Enclosed and Semi-Openfield Systems in Northern Galicia (Spain) [J]. Landscape and Urban Planning, 2009 (90): 168-177.

[23] Martha M Bakkera, Anne M van Doorn. Farmer-specific Relationships Between Land use Change and Landscape Factors: Introducing Agents in Empirical Land use Modeling [J]. Land Use Policy, 2009 (26): 809-817.

[24] MATTHEW L, WU J G. A Gradient Analysis of Urban Landscape Pattern: a Case Study From the Phoenix Metropolitan Region, Arizona, USA [J]. LandScape Ecology, 2002, 17: 327-339.

[25] Mihara M. Effects of Agricultural Land Consolidation on Erosion Processes in Semi-Mountainous Paddy Fields of Japan [J]. J. Agric. Engng Res, 1996, 64 (3): 237-248.

[26] PHILIPPE C, JUKKA J, ROBBERT S. Using Hierarchical Levels for Urban Ecology [J]. Trends in Ecology and Evolution, 2006, 21 (12): 660-661.

[27] Quadflieg F. An Economist's View of the Measures Introduced to Accompany the Change in the Agrarian Structure [J]. Berichte Uber Landwirtschaf, 1997, 75: 501-514.

[28] Suter II GW, Vermeire T, Munns Jr WR, et al. Framework for an Integration of Health and Ecological Risk Assessment [J]. Human Ecol Risk Assess,

2003, 9: 281-301.

[29] Turner II B L. Socializing the Pixel in LUCC [R]. LUCC Newsletter: 1997, 1: 10-11.

[30] TURNER M R, GARDNER R H. Quantitative Methods in Landscape Ecology [M]. New York: Springer, 1991.

[31] Watt A S. Patem and Process in the Plant Community [J]. Journal of Ecology, 1947, 35: 1-22.

[32] Wiens J A, Stenseth N C, Home B V, et al. Ecological Mechanisms and Landscape Ecology [J]. Oikos, 1993, 66: 369-380.

[33] Zhou Zaizhi. Landscape Changes in a Rural Area in China [J]. Land-space and Urban Planning, 2000, 47 (3): 33-38.

[34] 白露, 白永秀, 薛耀文, 等. 中国省区循环经济预评估及区域差异研究 [J]. 地理科学, 2007, 27 (2): 149-155.

[35] 边振兴, 王秋兵, 于淼, 等. 基于景观农业理论的综合土地整理项目规划实证 [J]. 农业工程学报, 2008, 24 (2): 95-100.

[36] 蔡昉, 王德文. 比较优势差异、变化及其对地区差距的影响 [J]. 中国社会科学, 2002 (5): 41-54.

[37] 蔡云龙. 农业与农村可持续发展的地理学研究 [J]. 地球科学进展, 1999, 14 (6): 602-606.

[38] 蔡云龙. 土地管理如何贯彻科学发展观 [J]. 中国土地科学, 2005, 19 (5): 15-16.

[39] 蔡运龙, 汪涌, 李玉平. 中国耕地供需变化规律研究 [J]. 中国土地科学, 2009, 23 (3): 11-18.

[40] 陈丹杰, 王智勇, 曲晨晓, 等. 生态足迹法在土地整理规划环境影响评价中的应用 [J]. 中国农学通报, 2008, 24 (9): 444-447.

[41] 陈江龙, 曲福田, 陈雯. 农地非农化效率的空间差异及其对土地利用政策调整的启示 [J]. 管理世界, 2004, 20 (8): 37-42.

[42] 陈婧, 史培军. 土地利用功能分类探讨 [J]. 北京师范大学学报（自然科学版）, 2005, 41 (5): 536-540.

[43] 陈美球, 邓爱珍, 林建平. 我国社会主义新农村建设与农地整理 [J]. 江西农业大学学报（社会科学版）, 2006, 3: 9-11.

[44] 陈美球, 吴次芳. 论乡村城镇化与农村居民点用地整理 [J]. 经济地理, 1999, 19 (6): 97-100.

[45] 陈明利. 日本现行的法定土地利用规划体系 [J]. 黑龙江土地, 1997 (1): 40.

[46] 陈然, 姚小军, 闫超, 等. 基于GIS和组合赋权法的农村生态功能适宜性评价及管制分区: 以义乌市岩南村为例 [J]. 长江流域资源与环境, 2012, 21 (6): 720-725.

[47] 陈荣清, 张凤荣, 张军连, 等. 文登市农村宅基地整理潜力调查及类型划分 [J]. 资源科学, 2008, 30 (8): 1206-1210.

[48] 陈晓军, 刘庆生, 张宏业. 大城市边缘区建设用地空间分布格局的定量化测度研究 [J]. 武汉大学学报（信息科学版）, 2006, 31 (3): 260-265.

[49] 陈秧分, 刘彦随, 杨忍. 基于生计转型的中国农村居民点用地整治适宜区域 [J]. 地理学报, 2012, 657 (3): 420-427.

[50] 晨光, 张凤荣, 张佰林. 农牧交错区农村居民点土地利用形态演变: 以内蒙古自治区阿鲁科尔沁旗为例 [J]. 地理科学进展, 2015, 34 (10): 1316-1323.

[51] 代兵, 谷晓坤, 陈百明. 基于GIS的新疆后备耕地资源评价 [J]. 农业工程学报, 2008, 24 (7): 60-64.

[52] 邓南荣, 张金前, 冯秋扬, 等. 东南沿海经济发达地区农村居民点景观格局变化研究 [J]. 生态环境学报, 2009, 18 (3): 984-989.

[53] 邓小文, 孙贻超, 韩士杰. 城市生态用地分类及其规划的一般原则 [J]. 应用生态学报, 2005, 16 (10): 2003-2006.

[54] 丁日成. 美国土地开发权转让制度及其对中国耕地保护的启示 [J]. 中国土地科学, 2008, 22 (3): 74-80.

[55] 樊琳, 孙华强. 紧扣规划, 因地制宜: 三种农村居民点整理模式的实践 [J]. 浙江国土资源, 2004 (12): 34-36.

[56] 范金梅. 土地整理效益评价研究 [J]. 中国土地, 2003, 10: 14-15.

[57] 方志权. 论都市农业的基本特征、产生背景与功能 [J]. 农业现代化研究, 1999, 20 (5): 281-285.

[58] 冯应斌, 杨庆媛. 基于农户分化的村域居民点用地特征分析 [J]. 农业工程学报, 2015, 31 (21): 248-258.

[59] 付海英, 郝晋珉, 朱德举, 等. 耕地适宜性评价及其在新增其他用地配置中的应用 [J]. 农业工程学报, 2007, 23 (1): 60-65.

[60] 高轩, 蒋一军. 北京农村居民点整理与集约用地 [J]. 中国土地, 2004 (1): 61-63.

[61] 高云峰. 北京城市化进程中的农业多功能性问题 [J]. 北京农业职业学院学报, 2005, 19 (4): 3-7.

[62] 龚健, 刘艳芳, 刘耀林. 农村土地整理潜力评价方法初探: 以湖北省保康县为例 [J]. 国土与自然资源研究, 2004, 1: 29-31.

[63] 龚建周, 夏北成. 城市生态安全水平的空间分异与动态转移特征: 以广州市为例 [J]. 生态环境学报, 2009, 18 (1): 210-215.

[64] 龚建周, 夏北成. 广州市1990—2005年植被覆盖度的时空变化特征 [J]. 生态环境, 2006, 15 (6): 1289-1294.

[65] 谷晓坤, 代兵, 陈百明. 中国农村居民点整理的区域方向 [J]. 地域研究与开发, 2008, 27 (6): 95-99.

[66] 顾湘, 曲福田, 付光辉. 中国土地利用比较优势与区域产业结构调整 [J]. 中国土地科学, 2009, 23 (7): 61-65.

[67] 关小克, 吴克宁, 王秀丽, 等. 灰关联分析在城市生态安全评价中的应用 [J]. 安全与环境学报, 2008, 8 (1): 105-108.

[68] 关小克, 张凤荣, 王秀丽, 等. 北京市生态用地空间演变与布局优化研究 [J]. 地域研究与开发, 2013, 32 (3): 119-124.

[69] 关小克, 张凤荣, 郭力娜, 等. 北京市耕地多目标适宜性评价及空间布局研究 [J]. 资源科学, 2010, 32 (3): 580-587.

[70] 关小克, 张凤荣, 李乐, 等. 北京市耕地后备资源开发适宜性评价 [J]. 农业工程学报, 2010, 12 (10): 304-311.

[71] 郭斌, 任志远. 西安城区土地利用与生态安全动态变化 [J]. 地理科学进展, 2009, 28 (1): 71-75.

[72] 郭岚. 中国区域差异与区域经济协调发展研究 [D]. 成都: 西南财经大学, 2007.

[73] 郭荣朝, 苗长虹. 城市群生态空间结构研究 [J]. 经济地理, 2007, 27 (1): 104-107.

[74] 郭晓东, 马利邦, 张启媛. 陇中黄土丘陵区乡村聚落空间分布特征及其基本类型分析以甘肃省秦安县为例 [J]. 地理科学, 2013, 33 (1): 45-51.

[75] 国家土地管理局规划司. 国内外土地整理借鉴 [M]. 北京: 中国大地出版社, 1998: 12-15.

[76] 韩润仙, 韩桐魁. 试论农村土地整理发展制约因素与保障措施 [J]. 国土经济, 1999 (1): 29-30.

[77] 郝晋珉, 朱道林. 土地利用规划 [M]. 北京: 中国农业科技出版社, 1995: 23.

[78] 何如海. 农村劳动力转移与农地非农化协调研究 [D]. 南京: 南京农业大学, 2006.

[79] 何英彬, 陈佑启, 杨鹏, 等. 农村居民点土地整理及其对耕地的影响 [J]. 农业工程学报, 2009, 25 (7): 312-316.

[80] 何英彬, 陈佑启, 姚艳敏, 等. 农村居民点土地整理潜力研究方法评述 [J]. 地理与地理信息科学, 2008 (4): 80-83.

[81] 贺艳华,周国华,龚翼. 城镇建设用地增加与农村建设用地减少相挂钩的空间体系研究 [J]. 国土资源导刊, 2008 (4): 52-54.

[82] 侯华丽,郧文聚,朱德举. 县域耕地的样地法评价 [J]. 农业工程学报, 2005, 21 (11): 54-59.

[83] 胡鞍钢. 中国: 走向区域协调发展 [N]. 中国经济时报, 2004-03-22 (008).

[84] 胡乃武,张可云. 统筹中国区域发展问题研究 [J]. 经济理论与经济管理, 2004 (1): 5-14.

[85] 胡伟艳,张安录. 人口城镇化与农地非农化的因果关系 [J]. 中国土地科学, 2008, 22 (6): 30-35.

[86] 霍雅勤,蔡运龙,王瑛. 耕地对农民的效用考察及耕地功能分析 [J]. 中国人口资源与环境, 2004, 14 (3): 105-108.

[87] 姜爱林,姜志德. 论土地整理概念的科学界定 [J]. 地域研究与开发, 1998, 17 (1): 1-4.

[88] 姜广辉,张凤荣,孔祥斌. 北京山区农村居民点整理用地转换方向模拟 [J]. 农业工程学报, 2009, 25 (2): 214-221.

[89] 姜广辉,张凤荣,谭雪晶. 北京市平谷区农村居民点用地空间结构调整 [J]. 农业工程学报, 2008, 24 (11): 69-75.

[90] 姜广辉,张凤荣,徐艳,等. 论北京市耕地后备资源的开发可行性 [J]. 土壤通报, 2007, 38 (2): 369-373.

[91] 姜广辉,张凤荣,赵华甫,等. 关于促进北京市耕地占补平衡实现的探讨 [J]. 城市问题, 2006, 132 (4): 64-68.

[92] 姜广辉,张凤荣,周丁扬,等. 北京市农村居民点用地内部结构特征的区位分析 [J]. 资源科学, 2007, 29 (2): 109-116.

[93] 姜广辉. 社会经济转型加速期农村居民点用地形态演化及其调控 [D]. 北京: 中国农业大学, 2007.

[94] 姜开宏,陈江龙,陈雯. 比较优势理论与区域土地资源配置: 以江苏省

为例 [J]. 中国农村经济, 2004, 19 (12): 16-21.

[95] 解雪峰, 吴涛, 肖翠, 等. 基于 PSR 模型的东阳江流域生态安全评价 [J]. 资源科学, 2014, 36 (8): 1702-1711.

[96] 鞠正山, 罗明, 张凤荣, 等. 我国区域土地整理的方向 [J]. 农业工程学报, 2003, 19 (2): 6-11.

[97] 孔祥斌, 孙宪海, 王瑾, 等. 大都市城乡交错带新农村居民点建设与发展模式研究: 以北京市海淀区为例 [J]. 国土资源科技管理, 2008, 25 (2): 45-49.

[98] 孔祥斌. 土地资源利用与保护 [M]. 北京: 中国农业大学出版社, 2010.

[99] 李春越, 谢永生. 黄土高原土地资源生态经济适宜性评价指标体系初步研究 [J]. 水土保持通报, 2005, 25 (2): 53-56.

[100] 李红, 孙丹峰. 北京市耕地后备资源开发利用研究 [J]. 国土与自然资源研究, 2000, 3: 22-24.

[101] 李景刚, 何春阳, 史培军, 等. 近 20 年中国北方 13 省的耕地变化与驱动力 [J]. 地理学报, 2004, 59 (2): 274-282.

[102] 李婧, 张超, 朱德海, 等. 基于空间技术的北京市山地平原界线勘定研究 [J]. 测绘通报, 2007, 45 (7): 70-77.

[103] 李应中. 比较优势原理及其在农业上的运用 [J]. 中国农业资源与区划, 2003, 24 (2): 5-9.

[104] 李乐, 张凤荣, 关小克, 等. 基于规划导向度的农村居民点整治分区及模式 [J]. 农业工程学报, 2011, 27 (11): 337-343.

[105] 李倩, 刘毅, 徐开鹏, 等. 基于生态空间约束的云贵地区可利用坝区面积与空间分布 [J]. 中国环境科学, 2013, 33 (12): 2215-2219.

[106] 李晓文, 方精云, 等. 上海城市用地扩展强度、模式及其空间分异特征 [J]. 自然资源学报, 2003, 18 (4): 412-422.

[107] 李秀彬. 中国近 20 年来耕地面积的变化及其政策启示 [J]. 自然资源学报, 1999, 14 (4): 329-333.

[108] 李月兰. 论喀斯特地区农村居民点土地利用特点与整理 [J]. 学术论坛, 2003 (4): 83-86.

[109] 林坚, 李尧. 北京市农村居民点用地整理潜力研究 [J]. 中国土地科学, 2001, 21 (1): 58-68.

[110] 林建平, 邓爱珍, 赵小敏, 等. 城镇建设用地增加与农村建设用地减少挂钩的探讨: 以江西省定南县为例 [J]. 江西农业大学学报 (社会科学版), 2008 (1): 104-106.

[111] 刘洪银, 文魁. 中国农村劳动力非农就业机制的经济学分析 [J]. 首都经济贸易大学学报, 2010, 12 (1): 21-28.

[112] 刘纪远, 张增祥, 徐新良, 等. 21 世纪初中国土地利用变化的空间格局与驱动力分析 [J]. 地理学报, 2009, 64 (12): 1411-1420.

[113] 刘晶妹, 张玉萍. 我国农村土地整理运作模式研究 [J]. 中国土地科学, 1999: 33-35.

[114] 刘黎明. 土地资源学 [M]. 4 版. 北京: 中国农业大学出版社, 2004: 245-246.

[115] 刘旭华, 王劲峰, 刘明亮, 等. 中国耕地变化驱动力分区研究 [J]. 中国科学 D 辑, 2005, 35 (11): 1087-1095.

[116] 刘彦随, 李裕瑞. 中国县域耕地与农业劳动力变化的时空耦合关系 [J]. 地理学报, 2010, 65 (12): 1602-1612.

[117] 刘彦随, 刘玉, 翟荣新. 中国农村空心化的地理学研究与整治实践 [J]. 地理学报, 2009, 64 (10): 1193-1202.

[118] 刘彦随, 陆大道. 中国农业结构调整基本态势与区域效应 [J]. 地理学报, 2003, 58 (3): 381-389.

[119] 刘彦随, 王介勇, 郭丽英. 中国粮食生产与耕地变化的时空动态 [J]. 中国农业科学, 2009, 42 (12): 4269-4274.

[120] 刘彦随. 中国东部沿海地区乡村转型发展与新农村建设 [J]. 地理学报, 2007, 62 (6): 563-570.

[121] 刘彦随. 区域土地利用优化配置 [M]. 北京：学苑出版社，1999：101-102.

[122] 刘咏莲，曲福田，姜海. 江苏省农村居民点整理潜力的评价分级 [J]. 南京农业大学学报（社会科学版），2004（12）：18-23.

[123] 刘勇，吴次芳，岳文泽，等. 土地整理项目区的景观格局及其生态效应 [J]. 生态学报，2008，28（5）：2261-2269.

[124] 刘玉，刘彦随，郭丽英. 环渤海地区农村居民纯收入空间分异研究 [J]. 经济地理，2010，30（6）：992-997.

[125] 刘长胜，卢伟，金晓斌，等. GIS 支持下土地整理中未利用地适宜性评价：以广西柳城县为例 [J]. 2004，13（4）：333-337.

[126] 刘志玲，张丽琴. 农村居民点用地发展驱动力研究：以安徽省为例 [J]. 农村经济，2003（3）：30-32.

[127] 鹿心社. 论中国土地整理的总体方略 [J]. 农业工程学报，2002，18（1）：1-5.

[128] 罗明，龙花楼. "土地整理理论"初探 [J]. 地理与地理信息科学等，2003，19（6）：60-64.

[129] 罗明，王军. 中国土地整理的区域差异及对策 [J]. 地理科学进展，2001，20（2）：97-102.

[130] 罗其友，李建平，陶陶，等. 区域比较优势理论在农业布局中的应用 [J]. 中国农业资源与区划，2002，23（6）：24-30.

[131] 马才学，赵利利，柯新利. 湖北省耕地非农化压力的时空演变格局 [J]. 长江流域资源与环境，2016，25（1）：71-78.

[132] 孟媛. 北京市顺义区工业土地集约利用及其布局优化研究 [D]. 北京：中国农业大学，2009.

[133] 倪九派，李萍，魏朝富，等. 基于 AHP 和熵权法赋权的区域土地开发整理潜力评价 [J]. 农业工程学报，2009，25（5）：202-209.

[134] 潘娟，邱道持，尹娟. 不同兼业类型农户的居民点用地选址及影响因素研究 [J]. 西南师范大学学报（自然科学版），2012，37（9）：80-84.

[135] 彭佳捷,周国华,唐承丽,等.基于生态安全的快速城市化地区空间冲突测度:以长株潭城市群为例[J].自然资源学报,2012,27(9):1507-1517.

[136] 彭建,蒋一军,张清春,等.城市近郊农村居民点土地整理研究:以北京市大兴区黄村镇狼垡村为例[J].国土资源,2004,16(5):17-20.

[137] 秦天天,齐伟,李云强,等.基于生态位的山地农村居民点适宜度评价[J].生态学报,2012,32(16):5175-5183.

[138] 曲福田,陈江龙,陈雯.农地非农化经济驱动机制的理论分析与实证研究[J].自然资源学报,2005,20(2):231-241.

[139] 曲衍波,姜广辉,张凤荣,等.城乡建设用地增减挂钩项目区的时空联建[J].农业工程学报,2013,29(6):232-244.

[140] 曲衍波,商冉,齐伟,等.山东省栖霞市土地利用时空格局的垂直梯度研究[J].中国土地科学,2014,28(8):24-32.

[141] 曲衍波,张凤荣,郭力娜,等.农村居民点整理后耕地质量评价与应用[J].农业工程学报,2012,28(2):226-233.

[142] 曲衍波,张凤荣,姜广辉,等.基于生态位的农村居民点用地适宜性评价与分区调控[J].农业工程学报,2010,26(11):290-296.

[143] 邵晓梅,谢俊奇.中国耕地资源区域变化态势分析[J].资源科学,2007,19(1):36-42.

[144] 沈陈华.丹阳市农村居民点空间分布尺度特征及影响因素分析[J].农业工程学报,2012,28(22):261-268.

[145] 沈燕,张涛,廖和平,等.西南丘陵山区农村居民点整理潜力的评价分级:以重庆市长寿区为例[J].西南大学学报(自然科学版),2008(6):141-147.

[146] 师学义,陈丽,杜轶,等.潞城市农村居民点整理潜力研究[J].山西农业大学学报,2003(3):268-272.

[147] 宋艳伟.北京市城乡经济统筹发展水平评价研究[D].北京:首都经济

贸易大学，2010.

[148] 宋志军，关小克，朱战强. 北京农村居民点的空间分形特征及复杂性 [J]. 地理科学，2013，33（1）：52-60.

[149] 孙华生，黄敬峰，金艳，等. 基于GIS技术的县域居民点空间分布特征分析及其优化布局 [J]. 浙江大学学报（农业与生命科学版），2007，33（3）：348-354.

[150] 孙强，蔡运龙，王乐. 北京耕地流失的时空特征与驱动机制 [J]. 资源科学，2007，29（4）：158-163.

[151] 孙强，蔡运龙，王乐. 北京市耕地流失的时空特征与驱动力机制 [J]. 资源科学，2007，29（4）：158-163.

[152] 孙新章，成升魁，张新民. 近十年东部发达区农业地位与功能演变分析 [J]. 中国农业资源与区划，2004，25（4）：30-35.

[153] 孙新章，成升魁，张新民. 农业产业化对农民收入和农户行为的影响：以山东省龙口市为例 [J]. 经济地理，2004，24（4）：510-513.

[154] 孙雁，付光辉，赵小敏，等. 农地整理项目后效益评价模式的构建 [J]. 农业工程学报，2008，24（1）：129-134.

[155] 谭术魁，彭补拙. 粮食安全的耕地保障检讨及近期耕地调控思路 [J]. 经济地理，2003（3）：371-374.

[156] 谭永忠，吴次芳，王庆日，等. "耕地总量动态平衡"政策驱动下中国的耕地变化及其生态环境效应 [J]. 自然资源学报，2005，20（5）：727-734.

[157] 汤萃文，张忠明，苏研科，等. 石羊河上游林区景观空间邻接特征及生态安全分析 [J]. 干旱区地理，2013，36（2）：311-317.

[158] 汤国安，赵牡丹. 地理信息系统 [M]. 北京：科学出版社，2002.

[159] 唐衡，郑渝，陈阜，等. 北京地区不同农田类型及种植模式的生态系统服务价值评估 [J]. 生态经济，2008，24（7）：56-60.

[160] 唐详云，陈可蕴，陆敏宏，等. 基于物元模型的耕地后备资源适宜性评

价研究：以武汉市江夏区为例［J］. 国土资源科技管理，2008，25（5）：80-83.

［161］唐秀美，赵庚星，路庆斌. 基于GIS的滨海集约农区耕地生态环境评价研究［J］. 农业工程学报，2007，23（5）：69-74.

［162］田贵全，曲凯. 山东省农村居民点动态变化遥感分析［J］. 地域研究与开发，2008，27（1）：102-104.

［163］王建国，胡克. 农村居民点整理的必要性与可行性［J］. 国土资源，2002（6）：42-44.

［164］王梦奎. 关于统筹城乡和统筹区域发展［J］. 管理世界，2004，29（4）：1-8.

［165］王如渊. 土地整理与耕地总量平衡［J］. 中国土地，1999（2）：25-26.

［166］王慎敏，赏刚，陈昌春，等. 土地开发项目区未利用地地理评价研究：以安徽寿县孟家湖林场苇地开发项目为例［J］. 中国农学通报，2009，25（3）：240-244.

［167］王万茂. 土地利用规划学［M］. 北京：科学出版社，2006.

［168］王万茂. 土地整理的产生、内容和效益［J］. 中国土地科学，1997，11（增刊）：62-65.

［169］王筱明，闫弘文，卞正富. 基于适宜性的济南市宜耕未利用开发潜力评估［J］. 农业工程学报，2010，26（2）：307-312.

［170］王玉洁，李俊祥，吴健平，等. 上海浦东新区城市化过程景观格局变化分析［J］. 应用生态学报，2006，17（1）：36-40.

［171］文枫，鲁春阳，杨庆媛，等. 重庆市农村居民点用地空间分异研究［J］. 水土保持研究，2010，17（4）：222-227.

［172］吴次芳，陈美球. 乡村土地整理的若干问题［J］. 中国土地科学，1997，11（4）：41-45.

［173］吴冠岑，刘友兆，付光辉. 基于熵权可拓物元模型的土地整理项目社会效益评价［J］. 中国土地科学，2008，25（5）：40-45.

[174] 吴怀静. 基于可持续发展的农村土地整理研究 [D]. 南京：南京师范大学，2005.

[175] 吴江国，张小林，冀亚哲，等. 县域尺度下交通对乡村聚落景观格局的影响研究：以宿州市埇桥区为例 [J]. 人文地理，2013，17（1）：111-115.

[176] 夏莉莉. 土地整理区农地可持续利用评价指标体系研究 [D]. 杭州：浙江大学，2001.

[177] 谢春树，赵玲. 基于GIS的湘中紫色土丘陵地区土地适宜性评价：以衡南县谭子山镇紫色土综合治理试验区为例 [J]. 经济地理，2005，25（1）：101-105.

[178] 谢高地，鲁春霞，甄霖，等. 生态赤字下非再生资源对生态空间的替代作用 [J]. 资源科学，2006，28（5）：2-7.

[179] 谢红丹，查良松. 安徽省耕地资源开发优势变化分析 [J]. 中国农学通报，2008，24（7）：450-453.

[180] 谢花林，李秀彬. 基于GIS的农村住区生态重要性空间评价及其分区管制：以兴国县长冈乡为例 [J]. 生态学报，2011，31（1）：230-238.

[181] 谢经荣. 整理是促进经济增长的重要手段 [J]. 中国土地，1997，3：16-17.

[182] 邢玉忠. 土地整理出效益：山西临汾地区农地集约利用的调查 [J]. 中国土地，1998，1：33-34.

[183] 胥国麟，吕成文，朱传民. 农村居民点土地整理研究 [J]. 资源开发与市场，2006，22（2）：167-169.

[184] 徐雪林，杨红，肖光强，等. 德国巴伐利亚州土地整理与村庄革新对我国的启示 [J]. 资源·产业，2002（5）：35.

[185] 严金明，夏方舟，李强. 中国土地综合整治战略顶层设计 [J]. 农业工程学报，2012，28（14）：1-9.

[186] 严金明. 农地整理要兼顾景观生态 [J]. 中国土地，2000（5）：19-20.

[187] 严长清，袁林旺，李满春. 江苏省耕地后备资源的空间分异及开发时序

模型研究［J］．地理与地理信息科学，2005，21（2）：58-73．

［188］阎建忠，余杰．关于土地整理的几个问题［J］．西南农业大学学报，1999，21（3）：240-243．

［189］杨帆．比较优势的动态性与中国加入WTO的政策导向［J］．现代经济探讨，2002，26（2）：158-163．

［190］杨桂山．长江三角洲近50年耕地数量变化的过程与驱动机制研究［J］．自然资源学报，2001，16（2）：121-127．

［191］杨庆媛，张占录．大城市郊区农村居民点用地整理的目标和模式研究：以北京市顺义区为例［J］．中国软科学，2003，17（6）：115-119．

［192］杨忍，刘彦随，龙花楼．中国环渤海地区人口-土地-产业非农化转型协调演化特征［J］．地理研究，2015，34（3）：475-486．

［193］杨杨，吴次芳，韦仕川．浙江省人地关系变化阶段特征及调整策略［J］．中国人口·资源与环境，2007，17（1）：61-65．

［194］杨志峰，何孟常．城市生态可持续发展规划［M］．北京：科学出版社，2004：50-61．

［195］叶艳妹，吴次芳，黄鸿鸿．农地整理工程对农田生态的影响及其生态环境保育型模式设计［J］．农业工程学报，2001，17（5）：165-171．

［196］于婧，聂艳，周勇，等．生态位适宜度方法在基于GIS的耕地多宜性评价中的应用［J］．土壤学报，2006，43（3）：190-196．

［197］俞奉庆，蔡云龙．耕地资源价值重建与农业补贴：一种解决"三农"问题的政策取向［J］．中国土地科学，2004，18（1）：18-23．

［198］俞国锋．科学发展观与思维方式变革［D］．福州：福建师范大学，2005．

［199］俞孔坚，李迪华，等．敏感地段的景观安全格局设计及地理信息系统应用：以北京香山滑雪场为例［J］．中国园林，2001（1）：11-16．

［200］俞孔坚，李迪华，刘海龙．"反规划"途径［M］．北京：中国建筑工业出版社，2005．

[201] 俞孔坚, 王思思, 李迪华, 等. 北京城市扩张的生态底线: 基本生态系统服务及其安全格局 [J]. 城市规划, 2009: 19-24.

[202] 俞明轩. 证券化是土地整理筹资的有效途径 [J]. 中国土地, 1998, 5: 22-23.

[203] 俞艳, 何建华. 基于生态为适宜度的土地生态经济适宜性评价 [J]. 农业工程学报, 2008, 24 (1): 124-128.

[204] 岳键, 张雪梅. 关于我国土地利用分类问题的讨论 [J]. 干旱区地理, 2006, 26 (1): 78-88.

[205] 郧文聚, 杨红. 农村土地整治新思考 [J]. 中国土地, 2010, 17 (3): 69-71.

[206] 翟荣新, 刘彦随, 梁昊光. 东部沿海地区农业结构变动特征及区域差异分析 [J]. 人文地理, 2009, 1 (105): 72-76.

[207] 展炜, 何立恒, 金晓斌, 等. 基于模糊综合评价的土地整理项目绩效评价 [J]. 南京林业大学学报 (自然科学版), 2009, 33 (2): 145-148.

[208] 张佰林, 张凤荣, 高阳, 等. 农村居民点多功能识别与空间分异特征 [J]. 农业工程学报, 2014, 30 (12): 216-224.

[209] 张保华, 张二勋. 农村居民点土地整理初步研究 [J]. 土壤, 2002, 34 (3): 160-163.

[210] 张迪, 张凤荣, 安萍利, 等. 中国现阶段后备耕地资源经济供给能力分析 [J]. 资源科学, 2004, 26 (5): 46-52.

[211] 张凤荣, 赵华甫, 陈阜, 等. 都市型现代农业产业布局 [M]. 北京: 中国石油大学出版社, 中国农业大学出版社, 2007: 50-59.

[212] 张凤荣, 安萍利, 孔祥斌. 北京市土地利用总体规划中的耕地和基本农田保护之我见 [J]. 中国土地科学, 2005, 19 (1): 10-16.

[213] 张凤荣, 关小克, 徐艳, 等. 大都市区土地整理与农田水肥管理模式探讨 [J]. 资源科学, 2009, 31 (7): 1088-1094.

[214] 张凤荣, 徐艳, 张晋科, 等. 农用地分等定级估价的理论、方法与实践

[J]. 北京. 中国农业大学出版社, 2005: 144-149.

[215] 张凤荣, 赵华甫, 黄大全, 等. 基于宜居城市建设的北京市农业产业空间布局 [J]. 资源科学, 2008, 30 (2): 162-168.

[216] 张富刚, 刘彦随, 张潆文, 等. 改革开放以来中国东部沿海发达地区农业发展态势与可持续对策 [J]. 资源科学, 2009, 31 (8): 1335-1340.

[217] 张光宏, 崔许锋. 耕地资源非农化驱动机制及其区域差异性 [J]. 中国农业科学, 2015, 48 (8): 1632-1640.

[218] 张国平, 刘纪远, 张增祥. 近10年来中国耕地资源的时空变化分析 [J]. 地理学报, 2003, 58 (3): 323-332.

[219] 张浩, 马蔚纯, HO Hon Hing. 基于LUCC的城市生态安全研究进展 [J]. 生态学报, 2007, 27 (5): 2109-2117.

[220] 张华如. 基于景观生态学的城市绿地空间格局优化: 以合肥市为例 [J]. 现代城市研究, 2008, 23 (12): 38-43.

[221] 张健, 高中贵, 濮励杰. 经济快速增长区城市用地空间扩展对生态安全的影响 [J]. 生态学报, 2008, 28 (6): 2799-2810.

[222] 张立生. 略论大城市"都市型农业"的发展与城市规划汇刊 [J]. 2001, 24 (3): 68-70.

[223] 张丽琴, 王占岐. 土地整理潜力分析方法 [J]. 资源开发与市场, 2003, 19 (4): 200-201.

[224] 张林波, 李伟涛, 王维. 基于GIS的城市最小生态用地空间分析模型研究: 以深圳市为例 [J]. 自然资源学报, 2008, 23 (1): 69-78.

[225] 张秦伟. 土地整理及其原则 [J]. 咸阳师范专科学校学报, 2000, 15 (3): 41-42.

[226] 张世文. 福建省耕地流向及其与经济发展的关系 [J]. 福建农林大学学报 (哲学社会科学版), 2006, 9 (4): 24-27.

[227] 张燕丽. 北京郊区都市农业功能的探讨 [J]. 中国农村经济, 1996, 10: 48-52.

[228] 张友焱, 周泽福, 程金花. 黄土丘陵沟壑区土地适宜性评价研究: 以山西省中阳县圪针耳流域为例 [J]. 水土保持学报, 2003, 17 (1): 93-99.

[229] 张宇, 欧名豪, 张全景. 钩, 该怎么挂: 对城镇建设用地增加与农村建设用地减少相挂钩政策的思考 [J]. 中国土地, 2006 (3): 23-24.

[230] 张占录, 杨庆媛. 北京市顺义区农村居民点整理的推动力分析 [J]. 农业工程学报, 2005, 21 (11): 49-53.

[231] 张正峰, 陈百明. 土地整理的潜力分析 [J]. 自然资源学报, 2002 (6): 664-669.

[232] 张正峰, 陈百明. 土地整理的效益分析 [J]. 农业工程学报, 2003 (2): 210-213.

[233] 张志红, 焦彩霞, 郑光辉, 等. 农村居民点整理的模式探讨: 以江苏省为例 [J]. 南京工业职业技术学院学报, 2007, 7 (1): 17-19.

[234] 张中华, 张沛, 孙海军. 城乡统筹背景下西部山地生态敏感区人口转移模式研究 [J]. 规划师, 2012, 28 (10): 86-91.

[235] 章大梁. 改革农村居民点用地势在必行: 来自湖北枣阳市的调查与思考 [J]. 中国土地, 2000 (9): 31-32.

[236] 赵春明. 国际经济学 [M]. 北京: 机械工业出版社, 2007.

[237] 赵桂慎, 贾文涛, 柳晓蕾. 土地开发整理项目生态效益评价方法研究 [J]. 生态经济, 2008: 35-37.

[238] 赵华甫. 北京市都市型现代种植业布局研究 [D]. 北京: 中国农业大学, 2007.

[239] 郑宇, 胡业翠, 刘彦随. 山东省土地适宜性空间分析及其优化配置研究 [J]. 农业工程学报, 2005, 21 (2): 60-65.

[240] 中国科学技术协会. 2009—2010 土地科学学科发展报告 [M]. 北京: 中国科学技术出版社, 2010.

[241] 钟尔杰, 黄廷祝. 数值分析 [M]. 北京: 高等教育出版社, 2004.

[242] 周春芳, 王洪波. 北京市耕地后备资源开发与生态环境保护 [J]. 生态

经济，2004，8：38-40.

[243] 周建，张凤荣，张佰林，等. 规模效应、生态安全、限制因素耦合的农用地整治研究：以天津市蓟县为例［J］. 资源科学，2014，36（4）：758-765.

[244] 周滔，杨庆媛，刘筱菲. 西南丘陵山区农村居民点整理：难点与对策［J］. 中国土地科学，2003，17（5）：45-49.

[245] 周滔，杨庆媛，周俐俐. 农村居民点整理综合潜力的定量评价：以重庆市渝北区为例［J］. 西南科技大学学报，2004，21（2）：50-54.

[246] 周伟，曹银贵，王静，等. 村庄整治规划中迁村并点适宜性评价与判别研究［J］. 中国土地科学，2011，25（11）：61-66.

[247] 周小平，王情，谷晓坤. 不同经济发展水平地区农村居民点整治意愿研究：基于山东省和福建省两地农户的调查［J］. 南京农业大学学报（社会科学版），2012，12（4）：100-104.

[248] 周小萍，谷晓坤，丁娜，等. 中国发达地区耕地保护观念的转变和机制探讨［J］. 中国土地科学，2009，23（1）：43-47.

[249] 周小萍，卢艳霞，陈百明. 中国近期粮食生产与耕地资源变化的相关分析［J］. 北京师范大学学报（社会科学版），2005（5）：122-127.

[250] 朱德举. 土地评价（修订版）［M］. 北京：中国大地出版社，2002：15-16.

[251] 朱红波. 湖北省农村居民点用地问题与对策［J］. 安徽农业科学，2005，33（7）：1331-1332.

[252] 朱长青，史文中. 空间分析建模与原理［M］. 北京：科学出版社，2006.

[253] 朱振国，姚士谋，许刚. 南京城市扩展与其空间增长管理的研究［J］. 人文地理，2003，18（5）：11-16.